# भगवद्गीता-काव्य

# भगवद्गीता-काव्य

## ( गीता का हिंदी काव्यानुवाद )

अनुवादक

**मूलचन्द्र पाठक**

सत्साहित्य प्रकाशन, दिल्ली

प्रकाशक : सत्साहित्य प्रकाशन, २०५-बी चावड़ी बाजार, दिल्ली-११०००६
सर्वाधिकार : सुरक्षित / संस्करण : २०१५ / मूल्य : दो सौ रुपए
मुद्रक : आर-टेक ऑफसेट प्रिंटर्स, दिल्ली ISBN 978-81-7721-239-6

**BHAGWATGITA-KAVYA**

A Poetic translation by Mool Chandra Pathak

Published by Satsahitya Prakashan, 205-B Chawri Bazar, Delhi-110006
Rs. 200.00

प्रस्तुत भगवद्गीता-काव्य
सहधर्मिणी पद्मा को
सहर्ष समर्पित

यह अनुवाद
जिनकी प्रेरणा व भावना
का मूर्त रूप है।

# आत्म-निवेदन

भगवद्गीता भारत के आध्यात्मिक वाङ्मय की अनुपम विभूति है। महाभारत की अंशभूत यह कृति भारतीय साहित्य की सर्वाधिक लोकप्रिय रचनाओं में से एक है। यह कम-से-कम दो सहस्र वर्षों से भी अधिक समय से भारतीय चिंतन व आध्यात्मिक साधना की महत्त्वपूर्ण प्रेरणा-स्रोत रही है। जीवन की विषम-से-विषम परिस्थिति में गीता ने असंख्य लोगों को मानसिक शांति प्रदान कर उनके जीवनपथ को आलोकित किया है। आज के भौतिकता-परायण, मानसिक तनावों से ग्रस्त तथा जीवन के वास्तविक अर्थ की खोज में भटकते मनुष्य के लिए गीता का संदेश उतना ही प्रासंगिक है, जितना वह सदैव रहा है, इसमें संदेह नहीं।

यों तो गीता ऊपरी दृष्टि से अपने पाठकों को एक सरल व सुगम कृति प्रतीत होती है, किंतु गहराई में जाएँ तो इसके चिंतन की थाह लगाना कठिन हो जाता है। यही कारण है कि प्राचीनकाल से ही गीता पर अनेक आचार्यों व मनीषी चिंतकों द्वारा विभिन्न भाष्यों, टीकाओं व व्याख्याओं की रचना की जाती रही है और यह परंपरा आधुनिककाल तक निरंतर प्रवहमान है। निश्चय ही इन व्याख्याओं में गीता के वास्तविक तात्पर्य के विषय में विभिन्न दृष्टिकोण अपनाए गए हैं।

गीता में निष्काम कर्म पर विशेष बल दिया गया है तथापि इसके व्याख्याकारों में से कुछ ने ज्ञान को, तो कुछ ने भक्ति को गीता की विचारधारा का केंद्र-बिंदु निर्धारित करते हुए इन तीनों के समन्वय का प्रयास किया है। वस्तुतः ज्ञान, कर्म व भक्ति परस्पर पूरक व सापेक्ष हैं; मानव के लौकिक व आध्यात्मिक जीवन में इन तीनों का ही महत्त्व है। प्रत्येक व्यक्ति अपनी-अपनी योग्यता, प्रवृत्ति व रुझान के अनुसार इनका अपने ढंग से समन्वय कर

आत्मकल्याण व लोककल्याण की साधना कर सकता है। गीता की विचारधारा का यह समन्वयात्मक दृष्टिकोण उसकी एक बहुत बड़ी विशेषता है और संभवत: उसकी लोकप्रियता का मुख्य आधार है।

गीता की अनेक टीकाएँ व व्याख्याएँ तो हैं ही, उसके अनगिनत अनुवाद भी सुलभ हैं। विश्व की सभी महत्त्वपूर्ण भाषाओं में उसके अनुवाद किए जा चुके हैं। हिंदी भाषा भी इसका अपवाद नहीं है, किंतु यह उल्लेखनीय है कि गीता के ये अनुवाद प्राय: गद्य में किए गए हैं, जबकि वह स्वयं महाभारत का अंश होने के कारण एक पद्यात्मक काव्यकृति है। निश्चय ही गीता के ये गद्यात्मक अनुवाद इसके मूलपाठ के समान रुचिकर व मनोरम नहीं हैं; संस्कृत न जाननेवाले गीता-पाठकों को उनसे अर्थबोध तो हो जाता है, पर एक पद्यात्मक कृति के रूप में गीता के संस्कृत पाठ में जो सरसता है, वह इन अनुवादों में सुलभ नहीं है। इसी अभाव की पूर्ति के लिए गीता का यह काव्यात्मक अनुवाद 'भगवद्‌गीता-काव्य' प्रस्तुत किया जा रहा है। हिंदी के विशाल पाठक-वर्ग तथा गीता की व्यापक लोकप्रियता को देखते हुए उसके ऐसे पद्यात्मक अनुवादों की आवश्यकता असंदिग्ध है, विशेष रूप से गीता के उन अध्येताओं के लिए, जो संस्कृत का यथेष्ट ज्ञान नहीं रखते।

गीता का अधिकांश भाग संस्कृत के लोकप्रिय अनुष्टुप् छंद में रचित है; कहीं-कहीं अन्य छंदों का भी प्रयोग किया गया है, जो आकार की दृष्टि से कुछ बड़े हैं। प्रस्तुत अनुवाद में गीता के अनुष्टुप् में रचित पद्यों को, एकाध अपवादों को छोड़कर, १६ मात्रावाले छंद में अनूदित किया गया है, जो अनुष्टुप् के समान ही हिंदी का एक लोकप्रिय छंद कहा जा सकता है। गीता में जहाँ भी अनुष्टुप् से भिन्न कुछ बड़े छंदों का प्रयोग हुआ है, वहाँ अनुवाद में भी तद्‌नुकूल अधिक मात्रा वाले बड़े छंदों का उपयोग किया गया है, ताकि मूल के अर्थ को भलीभाँति व्यक्त किया जा सके। अनुवाद में छंद की मात्राओं व लय के निर्वाह के लिए कहीं-कहीं एक-दो शब्द बढ़ाने पड़े हैं, किंतु यह सावधानी बरती गई है कि इस प्रकार बढ़ाए गए शब्द मूल पद्य के अर्थ के साथ पूर्णतया संगत हों। इसी प्रकार कहीं-कहीं मूल पद्य के किसी शब्द का अर्थ अनुवाद में छोड़ भी दिया गया है, किंतु इसके कारण अर्थ की अवगति में कोई व्यवधान या अपूर्णता न रहे, इसका ध्यान रखा गया है।

यह एक सर्वविदित तथ्य है कि संस्कृत काव्य में सामान्यत: पद्यों के अंतर्गत अंत्यानुप्रास या तुकों की योजना नहीं की जाती; वाल्मीकि, व्यास, कालिदास, भारवि, माघ आदि महाकवियों की रचनाएँ इसके साक्ष्य के रूप में रखी जा सकती हैं। केवल गीतगोविंद आदि कुछ ही काव्य इसके अपवाद हैं। गीता के पद्यों में भी अंत्यानुप्रास या तुकों की योजना कहीं दृष्टिगत नहीं होती। इसी तथ्य को ध्यान में रखकर प्रस्तुत अनुवाद में छंद व लय का निर्वाह करते हुए भी तुकें मिलाने का प्रयास नहीं किया गया। अनुवाद में मूलपाठ के अर्थ की रक्षा के लिए यह अपेक्षित भी है, क्योंकि अनुवादक का अपनी भाषा पर कितना भी अधिकार हो, तुकें मिलाने के लिए कुछ विशिष्ट शब्दों को लाने की एक अतिरिक्त चेष्टा से अनुवाद में मूल कृति का अर्थ कुछ-न-कुछ अवश्य बदल जाता है। अत: प्रस्तुत लेखक ने मूलपाठ के अर्थ की अधिकतम रक्षा के लिए अनुवाद में एक ऐसा तत्त्व जोड़ने को अनावश्यक माना है, जो स्वयं अनूद्य कृति में विद्यमान नहीं है।

गीता में भगवान श्रीकृष्ण, अर्जुन व धृतराष्ट्र के लिए, मुख्यत: प्रथम दो के लिए स्थान-स्थान पर विभिन्न संबोधनों का प्रयोग किया गया है, जैसे श्रीकृष्ण के लिए केशव, मधुसूदन, वार्ष्णेय, अच्युत, गोविंद, माधव, जनार्दन आदि तथा अर्जुन के लिए भारत, कौंतेय, परंतप, पार्थ, कुरुनंदन, अर्जुन, धनंजय, महाबाहु, कुरुसत्तम आदि। प्रस्तुत अनुवाद में यथासंभव मूल संबोधनों को ज्यों-का-त्यों रखा गया है, किंतु अनेक पद्यों में छंद-निर्वाह या अर्थबोध के लिए इन संबोधनों का अनूदित रूप में या समानार्थी अन्य शब्दों के रूप में प्रयोग किया गया है। कहीं-कहीं मूल पद्य में किसी संबोधन के न होने पर भी अनुवाद में छंद-पूर्ति के लिए उसका निवेश किया गया है तथा एकाध स्थलों पर मूल पद्य में किसी संबोधन के होते हुए भी अनुवाद में उसे छोड़ दिया गया है। यह स्पष्ट है कि इस प्रकार के व्यतिक्रम के बावजूद संबंधित पद्य के अर्थबोध में कोई बाधा नहीं होती, क्योंकि किसी विशिष्ट संबोधन का पद्य-विशेष के अर्थ के साथ सामान्यत: कोई आंतरिक व अविभाज्य संबंध नहीं है।

संस्कृत एक संश्लेषणात्मक भाषा है, जबकि हिंदी विश्लेषण की प्रवृत्ति से युक्त है। संस्कृत पद्यों में निहित घनीभूत अर्थ को हिंदी में उतनी ही

पंक्तियों या विस्तार में प्रकट करना एक कठिन कार्य है; फिर भी मैंने अपनी सामर्थ्य के अनुसार गीता के एक पद्य को हिंदी के एक ही पद्य में समाहित करने का यत्न किया है।

गीता की भाषा पुरानी है तथा उसमें प्रयुक्त अनेक शब्दों के अर्थ को लेकर टीकाकारों व व्याख्याकारों में मतभेद रहा है। इसके अतिरिक्त आत्मा, योग, धर्म आदि कितने ही ऐसे शब्द हैं, जिनका गीता में विभिन्न स्थानों पर एक ही अर्थ में प्रयोग नहीं किया गया है। ऐसी स्थिति में अनुवादक का कार्य केवल शाब्दिक अनुवाद का नहीं रह जाता; वह एक प्रकार से, सीमित अर्थ में ही सही, व्याख्या का रूप ग्रहण कर लेता है। प्रस्तुत अनुवादक ने भी कतिपय शब्दों के अनुवाद में अपनी स्वतंत्र मति का उपयोग किया है या इसकी उपलब्ध विभिन्न व्याख्याओं में से किसी एक का अनुसरण किया है। संभव है कि किसी विशिष्ट पद्य या स्थल के अनुवाद से सभी पाठक सहमत न हों, किंतु गीता जैसी बहुधा व्याख्यात कृति के अनुवाद में इस प्रकार के दृष्टिभेद या मतभेद से पूरी तरह बचना संभव नहीं था।

यद्यपि इस अनुवाद में संस्कृत भाषा का मेरा सुदीर्घ अभ्यास ही मेरा मुख्य संबल रहा है तथापि मैंने गीता की विभिन्न टीकाओं, व्याख्याओं व अनुवादों का भी आवश्यकतानुसार उपयोग किया है; अतः मैं उन सब विद्वान मनीषियों के प्रति अपनी कृतज्ञता व्यक्त करना चाहता हूँ जिनकी कृतियों ने किसी-न-किसी रूप में अनुवाद में मेरी सहायता की है। मेरे अनेक शुभचिंतकों व स्नेही मित्रों ने गीता के इस काव्यानुवाद को संपूर्ण रूप से या अंशतः सुनकर मुझे प्रसन्नतापूर्वक प्रोत्साहित किया है, अतः मैं उन सबका हृदय से आभार मानता हूँ। सौभाग्य से मुझे अपने इस सारस्वत अनुष्ठान में सभी परिजनों का भरपूर सहयोग सुलभ रहा है, अतः विशेष नामोल्लेख के बिना उन सबको मेरी हार्दिक शुभकामनाएँ।

निश्चय ही अज्ञान व असावधानी के कारण इस अनुवाद में मुझसे अनेक भूलें हुई होंगी; आशा है कि विद्वज्जन उनकी ओर मेरा ध्यान आकृष्ट करेंगे तथा अपने मूल्यवान सुझावों से उपकृत करेंगे।

अध्येताओं की सहायता के लिए काव्य के भीतर कहीं-कहीं कुछ शब्दों पर पाद-टिप्पणियाँ जोड़ी गई हैं। इसके अलावा पुस्तक के अंत में भी

'शब्दार्थ-संग्रह' नाम से मूलपाठ व अनुवाद में प्रयुक्त बहुत से शब्दों का अर्थ स्पष्ट किया गया है।

गीता के इस अनुवाद को कार्यरूप में परिणत करने में मेरी जीवन-संगिनी श्रीमती पद्‌मा ने एक उत्साही व प्रेरणादायी श्रोता की भूमिका निभाने के अलावा भी अनेक रूपों में योगदान किया है, जिसे शब्दों में प्रकट नहीं किया जा सकता। यही कारण है कि मैंने इस कृति को उन्हें ही समर्पित करना उचित समझा है।

अंत में गीता के इस काव्यानुवाद को गीता-प्रेमियों के हाथों में सौंपते हुए आशा करता हूँ कि इससे संस्कृत न जाननेवाले या उसका कम ज्ञान रखनेवाले गीता-प्रेमियों को थोड़ा सा भी परितोष प्राप्त हुआ तो मैं अपने इस प्रयास को सफल समझूँगा।

इसका प्रथम संस्करण २००१ में प्रकाशित हुआ था पर वह मेरे कतिपय मित्रों, संबंधियों व परिचित विद्वानों में ही वितरित होकर रह गया। अब इसे व्यापक हिंदी पाठक वर्ग को सुलभ कराने की दृष्टि से पुन:प्रकाशित किया जा रहा है।

**—मूलचन्द्र पाठक**

अभ्युदय, ७७-ए अंबामाता स्कीम
उदयपुर (राजस्थान) - ३१३००१

# अनुक्रम

## प्रथम अध्याय

# अर्जुन का विषाद

**धृतराष्ट्र**

धर्मभूमि उस कुरुक्षेत्र में
युद्ध-कामना से एकत्रित
मेरे सुतों, पांडु-पुत्रों ने
क्या-क्या किया, बताओ संजय! १.१

**संजय**

देख पांडवों की सेना को
व्यूह-बद्ध, राजा दुर्योधन
निकट पहुँच आचार्य द्रोण के
इस प्रकार बोला वह उनसे— १.२

हे आचार्य! सामने देखें
पांडु-सुतों की महासैन्य को
जिसे व्यूहयुत किया आपके
सुधी शिष्य उस द्रुपद-पुत्र ने। १.३

यहाँ शूरवर महाधनुर्धर
रण में अर्जुन-भीम सरीखे
खड़े हुए सात्यकि, विराट ये
तथा द्रुपद जो महारथी हैं। १.४

'धृष्टकेतु औ' चेकितान ये,
शक्तिपुंज काशी का राजा
पुरुजित्, कुंतिभोज ये दोनों
औ' पुरुषों में श्रेष्ठ शैब्य भी। १.५

पराक्रमी वह युधामन्यु भी
तथा उत्तमौजा बलशाली
अभिमन्यु, द्रौपदी के बेटे
सब-के-सब जो महारथी हैं। १.६

इधर हमारे भी विशिष्ट जो
उन्हें जान लें आप विप्रवर!
नायक जो मेरी सेना के
सूचनार्थ मैं उन्हें बताता। १.७

आप स्वयं हैं; भीष्म, कर्ण हैं
युद्धविजेता कृपाचार्य हैं
अश्वत्थामा औ' विकर्ण ये
सोमदत्त-सुत भूरिश्रवा भी। १.८

अन्य बहुत से शूर यहाँ हैं
विविध अस्त्र-शस्त्रों से सज्जित
मेरे लिए प्राण न्योछावर
करने आए युद्ध-विशारद। १.९

भीष्म पितामह से अभिरक्षित
सैन्य हमारी बहुत बड़ी है
किंतु भीम से रक्षित इनकी
यह सेना बस परिमित ही है। १.१०

अतः व्यूह के सब द्वारों पर
अपनी-अपनी जगह खड़े हो
करें भीष्म की पूरी रक्षा
यही प्रार्थना आप सभी से। १.११

हर्षित करते हुए उसे तब
शूरवीर कुरुवृद्ध भीष्म ने
सिंहनाद कर ऊँचे स्वर में
शंख बजाया रण का सूचक। १.१२

सभी ओर तब शंख, भेरियाँ,
आनक, पणव तथा गोमुख भी
बजने लगे अचानक, उनका
तुमुल शब्द गूँजा नभतल में। १.१३

तभी श्वेत अश्वों से संयुत
एक बड़े रथ में संस्थित हो
कृष्ण तथा अर्जुन दोनों ने
गुंजित किया दिव्य शंखों को। १.१४

पाञ्चजन्य को हृषीकेश[१] ने
तथा पार्थ ने देवदत्त को
पौंड्र नाम के महाशंख को
भीषण-कर्मा भीमसेन ने। १.१५

कुंती-पुत्र युधिष्ठिर नृप ने
शंख अनंतविजय नामक को

---

१. श्रीकृष्ण

नकुल तथा सहदेव उभय ने
निज सुघोष को, मणिपुष्पक को। १.१६

परम धनुर्धर काशी नृप ने
तथा शिखंडी महारथी ने
धृष्टद्युम्न, नरपति विराट ने
अपराजित योद्धा सात्यकि ने। १.१७

द्रुपद और द्रौपदी-सुतों ने
महाबाहु अभिमन्यु वीर ने
सभी ओर से पृथ्वीपति हे!
शंख बजाए अपने-अपने। १.१८

उस अतिभीषण महाघोष ने
धरती-नभ को किया निनादित
जिससे हृदय विदीर्ण हो गए
सभी आपके पक्षधरों के। १.१९

देख कौरवों की सेना को
डटी हुई अपने मोर्चों पर
शस्त्र-पात का समय समझकर
भूप! कपिध्वज[१] उस अर्जुन ने
उठा लिया निज धनुष हाथ में
तथा कहा यह हृषीकेश से

१. अर्जुन जिसकी ध्वजा पर कपि (हनुमान्) की आकृति अंकित थी।

**अर्जुन**

खड़ा करें रथ मेरा अच्युत!
बीचोबीच उभय सैन्यों के। १.२०-२१

ताकि देख लूँ उन्हें यहाँ जो
युद्धेच्छा से डटे हुए हैं,
जानूँ किनके साथ मुझे अब
लड़ना है इस घमासान में। १.२२

रण में दुर्मति दुर्योधन का
भला साधने की इच्छा से
हुए यहाँ एकत्र सभी उन
युद्धकामियों को देखूँगा। १.२३

**संजय**

सुनिए राजन्! जब अर्जुन ने
वचन कहे ये हृषीकेश से
उभय सैन्य के मध्य भाग में
भीष्म-द्रोण दोनों के सम्मुख
तथा अन्य भूपों के आगे
स्थापित कर उस उत्तम रथ को
कहा कृष्ण ने पार्थ! देख लो
इन एकत्र सभी कुरुओं को। १.२४-२५

देखा वहाँ पार्थ ने रण में
खड़े हुए हैं चाचा, ताऊ
तथा पितामह, गुरुजन, मामा
भाई, बेटे, पोते, साथी
श्वसुर और कितने ही स्नेही

उन दोनों ही सेनाओं में;
सभी बंधुओं को यों सम्मुख
खड़े देखकर वह कुंती-सुत
हो अभिभूत परम करुणा से
बोला अति विषाद से भरकर

**अर्जुन**

कृष्ण! देखकर इन स्वजनों को
युद्ध-कामना से समुपस्थित
अंग शिथिल हो रहे और यह
मुख भी मेरा सूख रहा है,
कंपन व्याप रहा है तन में
और रोंगटे खड़े हो रहे। १.२६-२९

खिसक रहा गांडीव हाथ से
तथा त्वचा भी दहक रही है
हूँ असमर्थ खड़ा रहने में
मन भी जैसे भ्रमित हो रहा। १.३०

हे केशव! मैं देख रहा हूँ,
लक्षण सब प्रतिकूल इस समय
स्वजनों का वध करके रण में
मैं न समझता मंगल होगा। १.३१

कृष्ण! नहीं है चाह विजय की
नहीं राज्य की और सुखों की
हे गोविंद! हमें क्या करना
राज्य, भोग या इस जीवन से। १.३२

जिनके लिए हमें इच्छित हैं
राज्य, भोग औ' सुख ये सारे
वे ही रण में खड़े हुए हैं
लगा जान की, धन की बाजी। १.३३

ये आचार्य खड़े हैं मेरे
चाचा, ताऊ तथा पुत्र-गण
दादा, मामा, श्वसुर, पौत्र जन
साले तथा अन्य संबंधी। १.३४

हे मधुसूदन! पृथ्वी तो क्या
तीन लोक के राज्य हेतु भी
नहीं चाहता इन्हें मारना
चाहे स्वयं मुझे वे मारें। १.३५

इन धृतराष्ट्र-सुतों का वधकर
कृष्ण! हमें क्या खुशी मिलेगी
अत्याचारी इन दुष्टों को
मार लगेगा हमें पाप ही। १.३६

अतः नहीं है उचित मारना
निज बांधव धृतराष्ट्र-सुतों को
क्योंकि मारकर इन स्वजनों को
कृष्ण! सुखी कैसे होंगे हम? १.३७

यद्यपि ये सब नहीं देखते
कुल-क्षय से उत्पन्न दोष को
मित्र-द्रोह के पातक को भी
क्योंकि लोभ से चित्त ग्रस्त हैं। १.३८

किंतु नहीं क्या हम भी सोचें
निराकरण इस महापाप का
कुल-क्षय से उत्पन्न दोष को
स्वयं देखते हुए जनार्दन! १.३९

अगर हुआ कुल-क्षय तो समझो
नष्ट सभी कुलधर्म सनातन
धर्म-नाश से पूरे कुल पर
छा जाता है बस अधर्म ही। १.४०

यों अधर्म के छा जाने से
शील बिगड़ता कुलस्त्रियों का
हे यदुनंदन! इस बिगाड़ से
होता है वर्णों का संकर[1]। १.४१

इस संकर से कुल, कुलघातक
दोनों गिरते घोर नरक में
श्राद्ध तथा तर्पण से वंचित
पितर अधोगति पाते उनके। १.४२

कुलघाती लोगों के ये ही
दोष वर्णसंकर के प्रेरक
कुल के तथा जाति के शाश्वत
धर्मों[2] का करते उन्मूलन। १.४३

कुल के धर्म हुए उन्मूलित
जिन लोगों के उन्हें जनार्दन!

---

१. मिश्रण, २. आचार व मर्यादाओं

करना पड़ता वास नरक में
सुनते आए परंपरा से। १.४४

अहो! दुख है महापाप यह
करना ठान लिया है हमने
जो कि राज्य-सुख के लालच में
उद्यत हैं स्वजनों के वध को। १.४५

शस्त्र छोड़ प्रतिकार न करते
मुझे मार भी डालें रण में
यदि सशस्त्र धृतराष्ट्र पुत्र ये
तो भी अधिक क्षेमकर होगा। १.४६

**संजय**

तीव्र शोक-संतप्त हृदय से
युद्ध-भूमि में बोल वचन ये
छोड़ धनुष को तथा शरों को
रथ में जा बैठा वह अर्जुन। १.४७

□

## द्वितीय अध्याय

# सांख्ययोग

**संजय**

इस प्रकार उस करुणा-विह्वल
आँसू-भरे लोचनोंवाले
अति विषाद से ग्रस्त उसे तब
वचन कहे ये मधुसूदन ने। २.१

**श्रीभगवान**

हे अर्जुन! इस विषमकाल में
क्यों कर तुम्हें मोह यह व्यापा
योग्य नहीं जो श्रेष्ठ जनों के,
नहीं स्वर्गप्रद, नहीं कीर्तिकर। २.२

पार्थ! तजो पुरुषत्वहीनता
यह न तुम्हें शोभा देती है
छोड़ हृदय की तुच्छ निबलता
उठो, उठो हे रिपु-संतापक! २.३

**अर्जुन**

मधुसूदन! मैं रण में कैसे
भीष्म-द्रोण के सम्मुख जाकर

बाणों से प्रतियुद्ध करूँगा,
वे दोनों हैं पूज्य कृष्ण हे! २.४

अति प्रभावशाली पूज्यों का वध करने से
श्रेयस्कर है जीना जग में भीख माँगकर
मार बड़ों को भोग सकूँगा रक्त-सने ही
अर्थकाममय भोगों को मैं यहाँ जगत् में। २.५

हम न जानते क्या हितकारी इन दोनों में—
हम जीतें या वही जीत लें हमको रण में
जिन्हें मारकर जीने की कामना नहीं है
वही खड़े धृतराष्ट्र-पुत्र ये यहाँ सामने। २.६

ग्रस्त किया मेरे स्वभाव को दुर्बलता ने
पूछ रहा हूँ इसीलिए कर्तव्य-मूढ़ मैं
जो भी शुभ हो मुझे बताएँ निश्चित करके
शरणागत मैं शिष्य आपका, मुझे सीख दें। २.७

शत्रुहीन संपन्न राज्य भी इस पृथ्वी का
तथा स्वर्ग का आधिपत्य भी भले सुलभ हो
पर मेरी इंद्रिय-संतापी मनोव्यथा यह
मिट पाएगी आशा इसकी मुझे नहीं है। २.८

**संजय**
हे राजन्! उस गुडाकेश[१] ने
बात कही यह हृषीकेश[२] से

१. अर्जुन, २. श्रीकृष्ण

तथा बोल 'गोविंद! नहीं मैं
युद्ध करूँगा' मौन हो गया। २.९

सुनो भरतवंशज! विषाद से
ग्रस्त उसे तब हृषीकेश ने
कुछ-कुछ हँसते हुए वचन ये
कहे मध्य में उभय सैन्य के। २.१०

**श्रीभगवान**

करते शोक अपात्रों का तुम
बातें करते ज्ञानभरी सी
मृत या जीवित नहीं किसी के
लिए शोक करते ज्ञानी जन। २.११

समय न ऐसा था कोई जब
मैं, तुम या ये नृपति नहीं थे
और न यह कि भविष्यत् में भी
हम न रहेंगे इससे आगे। २.१२

ज्यों देही[१] के इस शरीर में
बचपन, यौवन, जरा दशाएँ
उसी तरह आते देहांतर
क्षुब्ध न इससे बुद्धिमान जन। २.१३

हे कुंती-सुत! विषय-स्पर्श ये
शीत-ताप-सुख-दुख-विधायक
आते, चल देते, अनित्य हैं
उन्हें सहन करलो तुम भारत[२]! २.१४

---

१. देह का स्वामी आत्मा, २. भरतवंश में उत्पन्न अर्जुन

सुख-दुखों में जो समान है
धैर्यवान ऐसे जिस नर को
व्यथित न करते विषय-स्पर्श ये
वही अमरता का अधिकारी। २.१५

संभव नहीं असत् का होना
तथा अभाव कभी सत् का भी
तत्त्वज्ञों ने इन दोनों को
जाँच लिया है ओर-छोर तक। २.१६

जानो तुम अविनाशी उसको
जिससे व्याप्त सभी कुछ जग में
इस अव्यय का नाश न कोई
करने में समर्थ हो सकता। २.१७

जो अविनाशी, अविज्ञेय है
उस शाश्वत आत्मा के तन ही
नाशवान ये कहे गए हैं,
अतः लड़ो हे भरतवंशसुत! २.१८

इसे मारनेवाला अथवा
मारा गया मानते हैं जो
वे दोनों ही अज्ञानी हैं
यह न मारता और न मरता। २.१९

यह न जन्म लेता है अथवा मरता नहीं कदाचित् भी
नहीं यह कि अस्तित्ववान हो फिर न रहेगा कभी कहीं;
जन्म-रहित यह नित्य, सनातन, है अत्यंत पुरातन भी
होने पर भी हनन देह का इसे न कोई मार सका। २.२०

नित्य तथा अविनाशी इसको
अज–अव्यय माना है जिसने
पुरुष भला वह कैसे, किसको
मरवाएगा या मारेगा। २.२१

फटे–पुराने वसन त्याग कर जैसे
नए अन्य धारण करता है मानव
उसी तरह से जर्जर देह छोड़कर
नूतन अन्य ग्रहण करता यह देही। २.२२

इसे न शस्त्र काट सकते हैं
इसे न आग जला सकती है
जल न भिगो सकता है इसको
और न मरुत् सुखा सकता है। २.२३

छेदन, दहन न संभव इसका
गीला करना या कि सुखाना
नित्य, सर्वव्यापी, सुस्थिर यह
अटल–अचल है तथा सनातन। २.२४

यह अव्यक्त, अचिंतनीय है
तथा विकारों से विमुक्त है।
इसे जानकर तुम ऐसा ही
शोक न करो, यही समुचित है। २.२५

यदि तुम इसे मान बैठे हो
सदा जनमने मरनेवाला
तो भी महाबाहु! यह तेरी
शोक–भावना ठीक नहीं है। २.२६

जन्म लिया तो मृत्यु अटल है
तथा मृतक का पुनर्जन्म भी
इस क्रम से कोई न बचा है
अतः शोक करना अनुचित है। २.२७

आदि छिपा रहता भूतों[१] का
अर्जुन! मध्य प्रकट होता है
मृत्यु बाद वे फिर छिप जाते
क्या औचित्य शोक का बोलो! २.२८

देख रहा आश्चर्य-तुल्य ही कोई इसको
कहता कोई और इसे आश्चर्य-रूप ही
सुनता है आश्चर्यतुल्य ही इसे अन्य जन
लेकिन सुनकर भी न जानता कोई इसको। २.२९

सभी प्राणियों की देहों में
देही पार्थ! अवध्य सर्वदा
अतः न शोक उचित यह तेरा
यहाँ किसी प्राणी को लेकर। २.३०

अगर विचारो तुम स्वधर्म भी
तो भी उचित न विचलित होना
धर्मयुद्ध[२] को छोड़ न कुछ भी
शुभ हो सकता क्षत्रिय जन को। २.३१

केवल भाग्यवान क्षत्रिय ही
स्वतः उपस्थित ऐसे रण को

---

१. प्राणियों, २. नीति-सम्मत युद्ध

प्राप्त किया करते हैं अर्जुन!
खुला हुआ ज्यों स्वर्ग-द्वार हो। २.३२

न्याय-नीति से सम्मत भी यह
युद्ध करोगे अगर नहीं तुम
तो स्वधर्म को तथा कीर्ति को
खोकर पाप कमाओगे बस। २.३३

तब जन-जन में अमिट तुम्हारी
इस अकीर्ति की चर्चा होगी
जो सदैव सम्मानित जन के
लिए मृत्यु से बढ़कर होती। २.३४

महारथी मानेंगे तुम को
भय के कारण विमुख युद्ध से
जो सम्मान दिया करते थे
वे ही तुम्हें तुच्छ मानेंगे। २.३५

हँसी उड़ाते हुए तुम्हारे
बल-विक्रम की, शत्रु कहेंगे
निंदा-भरी बहुत सी बातें,
इससे अधिक दुखद क्या होगा। २.३६

अगर मरोगे स्वर्ग मिलेगा,
जीतोगे पृथ्वी भोगोगे
अतः उठो हे कुंती-आत्मज!
युद्ध हेतु दृढ़ निश्चय करके। २.३७

मान समान दुख को, सुख को
लाभ-हानि को, जीत-हार को
उतर पड़ो इस समरांगण में
पाप लगेगा तुम्हें नहीं यों। २.३८

सांख्य-ज्ञान[१] यह तुम्हें बताया
तथा सुनो अब योग-ज्ञान[२] भी
पाकर जिसे पार्थ! कर्मों के
बंधन से तुम छूट सकोगे। २.३९

उद्यम व्यर्थ न जाता इसमें
नहीं विघ्न भी कोई आता
स्वल्प अंश भी इस सुकर्म का
बचा सकेगा महाविपद् से। २.४०

हे कुरुनंदन! इसमें होती
निश्चय-रूपा बुद्धि एक ही
तथा बुद्धि निश्चय-हीनों की
बँट जाती अनंत रूपों में। २.४१

वेद दुहाई देनेवाले
अज्ञ बोलते—'सत्य यही है'
इच्छाग्रस्त, स्वर्गकामी वे
कहते अति लुभावनी बातें
जो होती हैं जन्म-रूप में
कर्म-फलों को देनेवाली
भोग-संपदा हेतु बहुत से

---

१. ज्ञानमार्ग की दृष्टि से ज्ञान, २. कर्मयोग की दृष्टि से ज्ञान

विधि-विधान बतलानेवाली
उनसे मन-ही-मन आकर्षित
भोग-संपदा-लिप्त जनों की
बुद्धि पूर्ण निश्चय-रूपा हो
ठहर नहीं पाती समाधि[१] में। २.४२-४४

वेदों का है विषय त्रिगुण ही,
त्रिगुणातीत बनो तुम अर्जुन!
रहित द्वंद्व से, नित्य तत्त्व-रत
योग[२]-क्षेम[३] से मुक्त, आत्मविद्। २.४५

सभी ओर जल-ही-जल हो तो
जितना काम कुएँ से रहता
बस उतना ही सब वेदों से
रह जाता ज्ञानी ब्राह्मण को। २.४६

बस अधिकार कर्म का केवल
नहीं फलों का तुम्हें कदाचित्
फल-प्रेरित कर्ता न बनो तुम
रति न तुम्हारी हो अकर्म[४] में। २.४७

हो योगस्थ करो कर्मों को
छोड़ सकल आसक्ति धनंजय!
सिद्धि-असिद्धि बीच सम रहकर,
यह समत्व ही योग कहाता। २.४८

---

१. आत्मा या एकाग्र दशा, २. अप्राप्त की प्राप्ति, ३. प्राप्त का संरक्षण, ४. अकर्मण्यता

बुद्धियोग[१] की तुलना में है
कर्म[२] बहुत ही तुच्छ धनंजय!
अतः शरण लो बुद्धियोग की
फल-प्रेरित जन दीन-हीन हैं। २.४९

बुद्धियोग-साधक इस जग में
पाप-पुण्य दोनों से बचता
अतः योग में जुट जाओ तुम,
क्या है योग—कर्म कौशल ही। २.५०

परित्याग कर कर्म-फलों का
बुद्धियोग-संपन्न मनीषी
छूट जन्म से, सब बंधन से
पा जाते निर्दोष परम पद। २.५१

जब यह बुद्धि तुम्हारी अर्जुन!
मोह-पंक को पार करेगी
जिसे सुना है और सुनोगे
उस सबसे विरक्ति तब होगी। २.५२

सुन-सुन संशय-ग्रस्त हुई यह
बुद्धि तुम्हारी निश्चल होकर
जब समाधि में सुस्थिर होगी
तभी योग को प्राप्त करोगे। २.५३

**अर्जुन**

समाधिस्थ स्थितप्रज्ञ पुरुष के
क्या लक्षण होते हैं केशव!

---

१. समत्व भाव से युक्त निष्काम बुद्धि से कर्म-संपादन, २. सकाम कर्म

सुस्थिर-बुद्धि बोलता कैसे
तथा बैठता, चलता कैसे? २.५४

**श्रीभगवान**

पार्थ! छोड़ देता मनुष्य जब
सभी मनोगत इच्छाओं को
रहता तुष्ट आप अपने में
तब कहलाता स्थितप्रज्ञ वह। २.५५

दुखों में मन विकल न जिसका
तथा सुखों में स्पृहाहीन जो
मुक्त राग से, भय-क्रोध से
मुनि वह सुस्थिर-बुद्धि कहाता। २.५६

जो सर्वत्र रहे निःस्नेही,
बहुविध शुभ या अशुभ प्राप्त कर
मुदित न हो, विद्वेष न रक्खे,
प्रज्ञा उसकी पूर्ण प्रतिष्ठित। २.५७

जैसे कछुआ निज अंगों को
वैसे सभी इंद्रियों को वह
जब समेट लेता विषयों से
प्रज्ञा उसकी पूर्ण प्रतिष्ठित। २.५८

निराहार प्राणी के सारे
विषय विमुख हो जाते उससे
स्वाद न जाता, किंतु स्वाद भी
मिटता परम तत्त्व-दर्शन से। २.५९

हे कुंतीसुत! ज्ञानी नर के
यत्नवान रहते-रहते भी
अत्याचारी प्रबल इंद्रियाँ
मन को विवश खींच ले जातीं। २.६०

उन सबको संयत कर, मुझमें
हो ध्यानस्थ योग साधे नर
क्योंकि इंद्रियाँ वश में जिसकी
बुद्धि प्रतिष्ठित रहती उसकी। २.६१

करते हुए ध्यान विषयों का
उनके प्रति आसक्ति जागती
जनमाती आसक्ति काम को
और काम से क्रोध उपजता। २.६२

उपजाता है क्रोध मोह को
तथा मोह से स्मृति-भ्रम होता
स्मृति-विभ्रम से नाश बुद्धि का
बुद्धि-नाश से पतन सर्वथा। २.६३

राग-द्वेष विमुक्त, नियंत्रित
इंद्रिय गण से आत्मविजेता
पुरुष विचरता जो विषयों में
उसे प्राप्त होती निर्मलता। २.६४

होता है इस निर्मलता से
लोप सभी उसके दुखों का
जिसका निर्मल चित्त, शीघ्र ही
उसकी बुद्धि प्रतिष्ठित होती। २.६५

योग-रहित जो बुद्धि[१] न उसमें
नहीं भावना[२] योग-रहित में
शांति नहीं भावना-रहित में
जो अशांत है उसे कहाँ सुख! २.६६

विचरणशील इंद्रियों का जो
मन पीछा करने लगता है
हर लेता बस वही बुद्धि को
जैसे वायु नाव को जल में। २.६७

अतः इंद्रियों के विषयों से
जिसने सब इंद्रियाँ खींच लीं
पूर्ण रूप से, महाबाहु हे!
प्रज्ञा उसकी पूर्ण प्रतिष्ठित। २.६८

सब जीवों के लिए निशा जो
उसमें भी संयमी जागता
जिसमें जीव जागते सारे
द्रष्टा मुनि की निशा वही है। २.६९

सभी ओर से जल-प्रपूर्ण फिर भी मर्यादित
सागर में प्रवेश करती हैं जैसे नदियाँ
उसी तरह जिसमें इच्छाएँ सभी समातीं
शांति उसी को मिलती, नहीं भोग-कामी को। २.७०

त्याग सभी इच्छाओं को जो
नर निस्पृह विचरण करता है

---

१. समत्व बुद्धि, २. मानसिक एकाग्रता या निष्ठा

ममता, अहंभाव को तजकर
शांति-लाभ होता है उसको। २.७१

पार्थ! यही वह ब्रह्मनिष्ठता
जिसे प्राप्त कर मोह न रहता
अंत समय भी इसमें रहकर
ब्रह्मानंद सुलभ हो जाता। २.७२

□

## तृतीय अध्याय

# कर्मयोग

**अर्जुन**

अगर कर्म से कहीं श्रेष्ठतर
बुद्धि आप को मान्य जनार्दन!
तो फिर मुझे नियोजित करते
केशव! क्यों इस घोर कर्म में। ३.१

ये भ्रामक से वचन बोलकर
मोहित सा कर रहे बुद्धि को
कहें एक ही बात सुनिश्चित
जिससे बनूँ श्रेय का भागी। ३.२

**श्रीभगवान**

हे निष्पाप! बताए पहले
मैंने ये दो मार्ग लोक में
ज्ञानयोग से ज्ञानरतों का[१]
कर्मरतों का[२] कर्मयोग से। ३.३

कर्मों का आरंभ न करके
सुलभ नहीं नैष्कर्म्य[३] पुरुष को

---

१. ज्ञान में रुचि रखनेवालों का, २. कर्म में रुचि रखनेवालों का, ३. निष्कर्मता या कर्म के दुष्प्रभावों से मुक्ति।

और न उनके परित्याग से
सिद्धि कभी मिल सकती उसको। ३.४

नहीं कभी क्षण भर भी कोई
कर्म न करके रह सकता है
प्रकृति-जन्य गुण करवाते हैं
कर्म, विवश प्रत्येक व्यक्ति से। ३.५

कर्म-इंद्रियों को वश में कर
मन-ही-मन चिंतन करता जो
इंद्रियार्थ का, मूढ़बुद्धि वह
कहलाता है मिथ्याचारी। ३.६

रोक इंद्रियों को मन द्वारा
निरासक्त जो कर्मयोग का
उपक्रम करता कर्मेंद्रिय से,
हे अर्जुन! वह उत्तम नर है। ३.७

नियत कर्म जो, करो उसे तुम
कर्म श्रेष्ठतर है अकर्म से
कर्म बिना तो निभ न सकेगी
यह शरीर-यात्रा भी तेरी। ३.८

नहीं यज्ञ के लिए कर्म जो
बंधन वह बनता मनुष्य को
अतः करो कौंतेय! कर्म तुम
अनासक्त हो यज्ञ हेतु ही। ३.९

पुरा काल में ब्रह्माजी ने
यज्ञ समेत प्रजाएँ रचकर
कहा—बढ़ाओ संतति इससे
पूर्ण करे यह सभी कामना। ३.१०

इससे पोषित करो सुरों को
वे भी पोषित करें तुम्हें सुर,
यों आपस के संपोषण से
परम श्रेय को प्राप्त करोगे। ३.११

इच्छित भोग देव वे देंगे
तुम्हें, यज्ञ से पुष्टि प्राप्त कर
उनका दिया भोगता जो नर
भेंट न देकर उन्हें, चोर वह। ३.१२

यज्ञशेष-भोजी[१] उत्तम नर
होते मुक्त सभी पापों से
नर वे दुष्ट पाप खाते जो
अपने लिए पकाते केवल। ३.१३

जीव अन्न से पैदा होते
अन्न उपजता है मेघों से
मेघ सभी यज्ञों से जनमे
यज्ञ जनमता है कर्मों से। ३.१४

जानो कर्म ब्रह्म[२] से उपजा
तथा ब्रह्म अक्षर से जनमा

---

१.यज्ञ से बचा अन्न या प्रसाद खानेवाला, २. वेद

इसीलिए तो ब्रह्म सर्वगत
सदा प्रतिष्ठित है यज्ञों में। ३.१५

इस प्रकार जो चक्र चल रहा
उसका जो न अनुगमन करता
इंद्रियलिप्त पापजीवी वह
पार्थ! व्यर्थ ही जीवन जीता। ३.१६

जो आत्मा में रमा हुआ है
तथा तृप्त है आत्मा में ही
आत्मा में ही तुष्ट सदा है
उसको रहा न कुछ भी करना। ३.१७

उसका करना और न करना
दोनों का कुछ नहीं प्रयोजन
और न उसकी कहीं किसी पर
किसी स्वार्थ से निर्भरता है। ३.१८

इसीलिए तुम अनासक्त हो
करो सतत कर्तव्य कर्म को
जो निस्संग कर्म करता है
वह नर पाता परम तत्त्व को। ३.१९

जनक आदि को सिद्धि मिली थी
केवल कर्म-आचरण से ही
करो विचार लोक-संग्रह[१] का
तो भी उचित कर्म करना ही। ३.२०

---

१. लौकिक व्यवस्था का रक्षण व पोषण अथवा लोक-कल्याण

करता जो-जो कार्य श्रेष्ठ जन
वही-वही बस साधारण जन
वह जिसको प्रामाणिक कहता
लोक अनुकरण करता उसका। ३.२१

पार्थ! न कोई कृत्य बचा है
मेरा इन तीनों लोकों में
मुझे न अनपाया कुछ पाना
फिर भी रहता कर्म-निरत मैं। ३.२२

यदि न कर्म में निरत रहूँ मैं
सावधान हो, उचित न होगा
क्योंकि पार्थ! मानव चलते हैं
सभी ओर मेरे ही पथ पर। ३.२३

यदि न कर्मरत रहूँ, लोग ये
हो जाएँगे मार्ग-भ्रष्ट सब
पनपाऊँगा संकर-संतति
नाश करूँगा सकल प्रजा का। ३.२४

कर्मों में आसक्त अज्ञ जन
क्रियाशील रहते ज्यों अर्जुन!
वैसे ही निस्संग विज्ञ जन
रहें लोक-हित की इच्छा से। ३.२५

कर्मलिप्त हैं जो अज्ञानी
बुद्धि नहीं उनकी भरमाए,
उन्हें सिखाएँ कर्म सभी वह
ज्ञानी नर निस्संग कार्यरत। ३.२६

कर्म सभी ये किए जा रहे
केवल प्रकृति-गुणों के द्वारा
अहं-विमूढ़ चेतनावाला
मान रहा नर—'मैं कर्ता हूँ।' ३.२७

महाबाहु ! जो तत्त्व जानता
गुण औ' कर्मों के विभाग का
'आपस में सब खेल गुणों का'
समझ कभी आसक्त न होता। ३.२८

प्रकृति-गुणों से सम्मोहित हो
लिप्त हुए जो गुण-कर्मों में
नहीं मूढ़ उन अल्पज्ञों को
विचलित करे पूर्ण ज्ञानी नर। ३.२९

आत्मज्ञान में लीन चित्त से
मुझे सौंपकर सब कर्मों को
आशा-ममता से विमुक्त हो
करो युद्ध संताप त्यागकर। ३.३०

मेरे इस मत का जो मानव
करते हैं सदैव अनुपालन
श्रद्धापूर्वक, दोष-दृष्टि तज
वे भी कर्म-मुक्त हो जाते। ३.३१

किंतु दोषदर्शी बनकर जो
मेरा मत ठुकरा देते हैं
अध:पतित ही जानो तुम उन
ज्ञान-विमूढ़ बुद्धिहीनों को। ३.३२

ज्ञानवान की भी चेष्टाएँ
होतीं निज स्वभाव से चालित
प्राणी प्रकृति-अनुसरण करते
निग्रह[१] से क्या बात बनेगी! ३.३३

इंद्रिय का इंद्रिय-विषयों में
राग-द्वेष पहले से निश्चित
किंतु न हो नर उनके वश में,
दोनों उसके महाशत्रु हैं। ३.३४

अच्छा है स्वधर्म दुष्कर भी
औरों के सुख-साध्य धर्म से
मृत्यु भली निज धर्म निभाते
लेकिन है परधर्म भयावह। ३.३५

**अर्जुन**

कृष्ण! बताएँ किससे प्रेरित
होकर करता पाप-कर्म नर
नहीं चाहते भी बलात् ज्यों
किया किसी ने उसे नियोजित। ३.३६

**श्रीभगवान**

यह है काम, क्रोध भी यह है
जन्म रजोगुण से जिसका है
यह अतिक्षुधित, महापापी है
जानो इसे महावैरी तुम। ३.३७

---

१. नियंत्रण या दमन

जैसे धुआँ आग को ढकता
ढकता मैल स्वच्छ दर्पण को
ढका गर्भ जैसे झिल्ली से
उसी तरह इससे आवृत वह। ३.३८

कामरूप इस नित्य शत्रु से
ढका ज्ञान वह ज्ञानी जन का
कुंती-सुत! यह एक आग है
अनायास जो शांत न होती। ३.३९

इंद्रिय, मनस्, चित्त ये तीनों
इसके आश्रय कहे गए हैं
इनके द्वारा छिपा ज्ञान को
मोहित रखता यह देही को। ३.४०

अतः इंद्रियों को ही पहले
वशीभूत कर भरत-श्रेष्ठ हे!
ज्ञान तथा विज्ञान विनाशक
इस पापी का हनन करो तुम। ३.४१

हैं शरीर से परे इंद्रियाँ
तथा इंद्रियों से पर मन है
मन से परे बुद्धि की सत्ता
परे बुद्धि से केवल 'वह' है। ३.४२

यों तुम जान बुद्धि से पर को
वश में कर स्वयमेव चित्त को
महाबाहु हे! हनन करो इस
कामरूप दुर्जय वैरी का। ३.४३

□

## चतुर्थ अध्याय

# ज्ञान-कर्म-संन्यास योग

**श्रीभगवान**

दिया गया यह योग सनातन
विवस्वान को मेरे द्वारा
उसने इसे बताया मनु को
फिर मनु ने इक्ष्वाकु नृपति को। ४.१

परंपरा से प्राप्त इसे यों
जान लिया राजर्षि-वृंद ने
किंतु परंतप![१] धीरे-धीरे
लुप्त हुआ वह इस जगती से। ४.२

वही पुरातन योग आज यह
बतलाया है मैंने तुमको
क्योंकि भक्त हो तथा सखा तुम
औ' रहस्य यह एक गूढ़तम। ४.३

**अर्जुन**

हुआ बाद में जन्म आपका
विवस्वान का पूर्वकाल में

---

१. शत्रुओं के दमनकर्ता हे अर्जुन!

अत: मान लूँ मैं कैसे यह
कहा आपने इसे आदि में। ४.४

**श्रीभगवान**

बीत चुके हैं जन्म बहुत से
मेरे और तुम्हारे अर्जुन!
उन सबका है ज्ञान मुझे तो
पर न तुम्हें हे रिपु-संतापक! ४.५

यद्यपि अज, अव्यय-स्वरूप हूँ
सभी प्राणियों का स्वामी भी
पर वश में कर आत्म-प्रकृति को
प्रकटित होता निज माया से। ४.६

जब-जब ह्रास धर्म का होता
इस धरती पर भरतवंशसुत!
तथा वृद्धि होती अधर्म की
तब-तब प्रकट स्वयं को करता। ४.७

साधुजनों का परित्राण औ'
दुष्टों का विनाश करने को
तथा स्थापना हेतु धर्म की
प्रकटित होता हूँ हर युग में। ४.८

मेरे जन्म-कर्म लोकोत्तर
इन्हें जानता जो सचमुच में
जन्म न लेता देह त्यागकर
बल्कि मुझे पा लेता अर्जुन! ४.९

राग, क्रोध, भय से विमुक्त जो
मुझ में तन्मय, मुझ पर आश्रित
ज्ञान, तपस् से पूत बहुत से
प्राप्त हुए मेरे स्वरूप को। ४.१०

जो जिस तरह शरण में आते
उसी तरह अपनाता उनको
सभी तरह से पार्थ! मनुज ये
चलते हैं मेरे ही पथ पर। ४.११

कार्य-सिद्धि की चाह लिये वे
करते यहाँ देव-आराधन
निश्चय ही इस मर्त्य-लोक में
सिद्धि शीघ्र मिलती कर्मों से। ४.१२

गुण-कर्मों का बँटवारा कर
चातुर्वर्ण्य[१] रचा मैंने ही
उसके कर्ता भी मुझको तुम
अव्यय और अकर्ता जानो। ४.१३

मैं न लिप्त होता कर्मों में
चाह न मुझको कर्मफलों की
इस प्रकार जो मुझे जानता
वह न कभी कर्मों से बँधता। ४.१४

यही जानकर कर्म किया था
पूर्व काल में मुमुक्षुओं ने

---

१. चार वर्णों की व्यवस्था

कर्म करो तुम भी पुरखों ने
जिसे किया था तुमसे पहले। ४.१५

क्या है कर्म तथा अकर्म भी
ज्ञानी जन भी यहाँ भ्रमित हैं
अत: कर्म समझाऊँगा मैं
ताकि जानकर बचो अशुभ से। ४.१६

है ज्ञातव्य कर्म भी तुमको
औ' विकर्म भी तुम्हें ज्ञेय है
समुचित है जानो अकर्म भी
अति गंभीर कर्म की गति है। ४.१७

कर्मों में देखे अकर्म को
औ' अकर्म में कर्मों को जो
बुद्धिमान वह सब मनुजों में
योगी सकल कार्य-साधक है। ४.१८

जिसके सब उद्यम हो जाते
रहित काम के संकल्पों से
कर्म झुलसते ज्ञान-अग्नि में
उसे विज्ञ 'पंडित' कहते हैं। ४.१९

छोड़ कर्म-फल की आकांक्षा
नित्य तृप्त जो तथा निराश्रय
लगा हुआ भी वह कर्मों में
कोई कर्म नहीं करता है। ४.२०

निराकांक्ष, तन-मन से संयत,
सकल परिग्रह का त्यागी जो
दैहिक कर्म निभाने भर से
वह न पापभागी होता है। ४.२१

जो मिल जाए तुष्ट उसी से
द्वंद्व-रहित, मात्सर्य-मुक्त जो
सिद्धि-असिद्धि तुल्य हो जिसको
वह न कर्म करके भी बँधता। ४.२२

जो निस्संग, मुक्त भी जो है
तथा ज्ञान में दत्तचित्त जो
यज्ञ हेतु ही सक्रिय उसके
सारे कर्म लीन हो जाते। ४.२३

अर्पण ब्रह्म, ब्रह्म आहुति है
ब्रह्म-अग्नि में हवन ब्रह्म-कृत
ब्रह्म-कर्म[१] में जो तन्मय है
बस गंतव्य ब्रह्म ही उसका। ४.२४

कुछ योगी हैं जो करते हैं
देवों हेतु यज्ञ-संपादन
योगी अन्य यज्ञ के द्वारा
ब्रह्म-अग्नि में यज्ञ होमते। ४.२५

कुछ योगी जन संयमाग्नि में
श्रोत्र आदि इंद्रियाँ होमते

---

१. ब्रह्म-बुद्धि से संपादित यज्ञकर्म

तथा अन्य कुछ इंद्रियाग्नि में
शब्द आदि सब विषय होमते। ४.२६

योगी अन्य आत्म-संयम की
दीपित कर योगाग्नि ज्ञान से
इंद्रिय तथा प्राण के सारे
कर्म होम देते हैं उसमें। ४.२७

व्रतधारी तापस लोगों में
कोई द्रव्ययज्ञ[1] करते हैं
तपोयज्ञ या योगयज्ञ कुछ,
ज्ञानयज्ञ स्वाध्याय-रूप कुछ। ४.२८

अन्य होमते हैं अपान[2] में
प्राण[3], प्राण को उस अपान में
रोक प्राण की औ' अपान की
गति को प्राणायाम-निरत हो। ४.२९

तथा अन्य कुछ मितभोजी बन
प्राण होम देते प्राणों में
यज्ञ-विज्ञ इन सबने अपने
पाप मिटाए यज्ञों द्वारा। ४.३०

यज्ञ-शेष अमृत[4] के भोक्ता
पा लेते हैं ब्रह्म सनातन
यज्ञहीन का नहीं लोक यह
अन्य कहाँ से होगा अर्जुन! ४.३१

---

१. भौतिक संपदा को लोकहित के लिए समर्पित करना, २. भीतर जानेवाला श्वास, ३. बाहर निकलनेवाला श्वास, ४. यज्ञावशिष्ट अन्न या भोजन जो अमृत रूप माना गया है।

इस प्रकार जो भाँति-भाँति के
यज्ञ वेद-वाणी में मुखरित
कर्मजन्य समझो उन सबको
छूटोगे बस यही जानकर। ४.३२

द्रव्य-पूर्ण यज्ञों से अर्जुन!
ज्ञानयज्ञ है कहीं श्रेष्ठतर
निखिल कर्म यह सभी अंत में
पार्थ! ज्ञान में ही फलता है। ४.३३

जानो उसे विनय से झुककर,
प्रश्न पूछकर, सेवा द्वारा
देंगे वे उपदेश ज्ञान का
तुम्हें तत्त्वदर्शी ज्ञानी जन। ४.३४

पाकर तुम वह ज्ञान, मोह में
नहीं पड़ोगे पुनः इस तरह
जिससे पार्थ! सकल भूतों को
देखोगे निज में, फिर मुझ में। ४.३५

अगर सभी पापी लोगों में
परम पापकारी भी तुम हो
तो भी केवल ज्ञान-तरी से
पार करोगे सकल पाप को। ४.३६

जैसे आग सुलगकर अर्जुन!
भस्मसात् करती ईंधन को
उसी तरह यह ज्ञान-अग्नि भी
सब कर्मों को भस्म बनाती। ४.३७

निश्चय ही इस जग में कुछ भी
ज्ञान समान पवित्र नहीं है
योगसिद्ध नर काल-क्रम से
पाता उसे स्वयं अपने में। ४.३८

यत्न-परायण, इंद्रिय-विजयी
श्रद्धावान ज्ञान पाता है
ज्ञान-लाभ कर परम शांति भी
मिल जाती है उसे शीघ्र ही। ४.३९

अज्ञ तथा श्रद्धा से वंचित
संशयशील पतित होता है
लोक न यह, परलोक न उसका
संशयशील कहाँ सुख पाता? ४.४०

छोड़े कर्म, योग के द्वारा
काटे संशय-पाश ज्ञान से
नहीं आत्मज्ञानी उस नर को
कर्म बाँधते कभी धनंजय! ४.४१

अतः भरतवंशज! अपने इस
मन के मोहजात संशय को
ज्ञान-खड्ग से छिन्न-भिन्न कर
साधो योग, खड़े हो जाओ। ४.४२

□

## पंचम अध्याय

# कर्मसंन्यास योग

**अर्जुन**

कर्मों का संन्यास[१] सिखाते
कृष्ण! साथ ही कर्मयोग भी
अत: बताएँ निश्चित करके
क्या श्रेयस्कर इन दोनों में। ५.१

**श्रीभगवान**

कर्मत्याग भी, कर्मयोग भी
ये दोनों ही मुक्ति-प्रदाता
पर दोनों में कर्मयोग ही
कर्मत्याग से बढ़ा-चढ़ा है। ५.२

जिसे न द्वेष, नहीं आकांक्षा
उसे नित्य संन्यासी जानो
क्योंकि शूरवर! द्वंद्व-हीन वह
सुख से बंध-मुक्त हो जाता। ५.३

सांख्य[२]-योग[३] को अज्ञानी ही
पृथक् बताते, नहीं सुपंडित

---

१. त्याग, २. कर्म-त्याग या ज्ञानमार्ग, ३. कर्मयोग

किसी एक को भी अपनाकर
नर दोनों का फल पा जाता। ५.४

सांख्यों को[१] जो पद मिलता है
वहीं पहुँचते योगविज्ञ भी
सांख्य-योग का ऐक्य देखता
वही पुरुष सचमुच द्रष्टा है। ५.५

कर्मयोग के बिना वीरवर!
मिलता है संन्यास कष्ट से
योगसिद्ध मुनि पा जाता है
ब्रह्म-तत्त्व को बहुत शीघ्र ही। ५.६

कर्मयोग से शुद्धचित्त जो
जीत इंद्रियों को, मन को वह
सर्वभूत-एकत्व प्राप्त कर
कर्म-निरत भी लिप्त न होता। ५.७

दर्शन, श्रवण, सूँघना, छूना,
खाना, चलना, शयन, बोलना
साँसें लेना, ग्रहण-विसर्जन
पलक खोलना तथा झपकना
करते हुए क्रियाएँ ये सब
योगसिद्ध ज्ञानी यह माने—
'करता मैं कुछ नहीं, इंद्रियाँ
खेल रहीं अपने विषयों में।' ५.८-९

---

१. कर्म का त्याग करनेवाले ज्ञानमार्गियों को

अर्पित कर सब कर्म ब्रह्म में
अनासक्त जो कर्म कर रहा
होता लिप्त न कभी पाप से
पद्म-पत्र पानी से जैसे। ५.१०

तन से, मन से और बुद्धि से
तथा इंद्रियों से भी केवल
योगी करते कर्म, चित्त की
शुद्धि हेतु आसक्ति छोड़कर। ५.११

योगी तज कर कर्मफलों को
शाश्वत-शांति प्राप्त करता है
योग-शून्य इच्छा-चालित जन
फलासक्त हो बँध जाता है। ५.१२

मन से त्याग सभी कर्मों को
कुछ भी नहीं कराते-करते
इंद्रियजयी पुरुष[१] रहता है
नौ द्वारों के पुर में सुख से। ५.१३

नहीं लोक के कर्तृभाव[२] को
और न कर्मों को रचता प्रभु
नहीं कर्म-फल-संयोगों को
बस स्वभाव ही काम कर रहा। ५.१४

ग्रहण न करता पाप किसी का
और न पुण्य सर्वव्यापी वह

---

१. आत्मा, २. कर्ता होने की बुद्धि को

ढक लेता अज्ञान ज्ञान को
जिससे प्राणी सब मोहित हैं। ५.१५

अपना वह अज्ञान मिटाया
ज्ञान-ज्योति से जिन लोगों ने
उनका ज्ञान सूर्यवत् करता
आलोकित उस परम तत्त्व को। ५.१६

हो तद्‌रूप बुद्धि से, मन से
उसके भक्त, उसी पर आश्रित
पुनरागमन-मुक्त होते वे
पापों को कर ध्वस्त ज्ञान से। ५.१७

विद्या और विनय से शोभित
ब्राह्मण को, गौ को, हाथी को
श्वान तथा चांडाल पुरुष को
सबको तुल्य देखते ज्ञानी। ५.१८

जीत लिया जग यहीं उन्होंने
जिनका मन लग गया साम्य में
वे निश्चल हो गए ब्रह्म में,
क्योंकि ब्रह्म निर्दोष, साम्यमय। ५.१९

प्रिय पाकर अति मुदित न हो जो
खिन्न न हो अप्रिय को पाकर
मोह-मुक्त, स्थिरबुद्धि, ब्रह्मविद्
वह नर परम ब्रह्म में स्थित है। ५.२०

रह निःसंग विषय-भोगों से
आत्मानंद प्राप्त करता है
ब्रह्म-ऐक्य में आत्मलीन वह
अनुभव करता अक्षय सुख का। ५.२१

विषयेंद्रिय-संयोग-जन्य ये
भोग सभी हैं आदि-अंतमय
ये सब दुख के ही निमित्त हैं
ज्ञानी पुरुष न उनमें रमता। ५.२२

देह-त्याग से पहले जो नर
इसी जन्म में सह लेता है
काम-क्रोध-उत्पन्न वेग सब
वह योगी है, परम सुखी है। ५.२३

भीतर सुखी, मुदित भीतर ही
भीतर ही जो ज्योति देखता
ब्रह्म-रूप होकर वह योगी
ब्रह्मानंद मोक्ष पा जाता। ५.२४

क्षीण हो गए कल्मष जिनके
आत्मवशी, दुविधा से छूटे
सर्वभूतहित-रत वे ज्ञानी
ब्रह्मानंद मोक्ष पाते हैं। ५.२५

काम, क्रोध से मुक्त हुए जो
और चित्त जिनके संयत हैं
आत्मज्ञानयुत उन यतियों को
ब्रह्म-ऐक्य सब ओर सुलभ है। ५.२६

बाहर छोड़ विषय-भोगों को
भृकुटि-मध्य में दृष्टि जमाकर
घ्राण-रंध्र में विचरण करते
प्राण-अपान वायु को सम कर। ५.२७

छूट कामना, भीति, क्रोध से
इंद्रिय, मनस्, बुद्धि से संयत
जो मुनि रहता मोक्षपरायण
वह निश्चय ही मुक्त सर्वदा। ५.२८

यज्ञों और तपों का भोक्ता
सब लोकों का ईश महत्तम
तथा सुहद् सब प्राणिजनों का
मुझको जान शांति पाता नर। ५.२९

□

## षष्ठ अध्याय

# ध्यानयोग

**श्रीभगवान**

छोड़ कर्म-फल का आश्रय जो
करता है करणीय कर्म को,
वह संन्यासी है, योगी है
न कि यज्ञों, कर्मों का त्यागी। ६.१

कहते हैं संन्यास जिसे, तू
समझ उसी को योग पांडु-सुत!
अगर न छोड़ा संकल्पों को
कहो कौन योगी हो सकता? ६.२

योगारोहण[१] का इच्छुक जो
कर्म कहाता उसका साधन,
योगारूढ़[२] हुआ जो उसका
शम ही साधन कहा गया है। ६.३

जब यह नर इंद्रिय-विषयों में
और न कर्मों में रत होता

---

१. योग की साधनावस्था, २. पूर्ण योगी

सब संकल्पों का त्यागी वह
योगारूढ़ कहा जाता है। ६.४

करे आत्म-उद्धार स्वयं ही
अपने को नीचे न गिराए
नर स्वयमेव बंधु अपना है
तथा स्वयं ही अपना रिपु है। ६.५

अपने को स्वयमेव जीत ले
तो नर अपना बंधु स्वयं है
जीत न पाया अपने को तो
अपना शत्रु स्वयं बनता है। ६.६

शीत-ताप, सुख और दुख में
तथा मान-अपमान काल में
रहे प्रशांत जीत अपने को
उसमें परमात्मा बसता है। ६.७

आत्म-तृप्त विज्ञान-ज्ञान से
निर्विकार, इंद्रिय-जेता जो
तुल्य-दृष्टि पाषाण-स्वर्ण में
'युक्त' कहा जाता वह योगी। ६.८

मित्र-शत्रु, स्नेही, तटस्थ औ'
द्वेष-पात्र, मध्यस्थ, बंधु के,
साधु तथा पापी के प्रति भी
जो समबुद्धि वही उत्तम नर। ६.९

आशा-रहित, परिग्रह-त्यागी,
आत्म-संयमी वह एकाकी
बैठ कहीं एकांत स्थान में
योगी सतत चित्त को जोड़े। ६.१०

किसी स्वच्छ औ' शुद्ध स्थान में
आसन अपना सुदृढ़ जमाए
जो न बहुत ऊँचा-नीचा हो
ढके वस्त्र, मृगचर्म, कुशा से। ६.११

रोक चित्त, इंद्रिय की चेष्टा
मन को कर एकाग्र पूर्णतः
उस आसन पर बैठ योग की
करे साधना आत्मशुद्धि हित। ६.१२

सुस्थिर होकर रखे अचंचल
काया, सिर, ग्रीवा को सीधा
दृष्टि जमा नासाग्र-बिंदु पर
इधर-उधर से ध्यान हटाए। ६.१३

धारण कर व्रत ब्रह्मचर्य का
भय-विमुक्त, अतिशांत-चित्त वह
मन को रोक, चित्त मेरे में
लगा योग साधे अर्पित हो। ६.१४

वह योगी संयत मनवाला
सतत जोड़ते हुए चित्त को
मुझमें निहित शांति पा जाता
परमानंद रूप जो केवल। ६.१५

बहुत अधिक भोजन करता जो
या कि बहुत कम भोजन लेता
सोता या जागता अधिक जो
उसे न योग सुलभ है अर्जुन! ६.१६

हो आहार-विहार नियंत्रित,
उचित कार्य-चेष्टाएँ जिसकी
तथा संतुलित शयन-जागरण
योग दुख हरता है उसका। ६.१७

वशवर्ती यह चित्त जिस समय
आत्मा में ही स्थिर हो जाता
तभी सभी कार्यों में निस्पृह
नर वह 'युक्त' कहा जाता है। ६.१८

वात-विहीन स्थान में जैसे
दीपक की लौ नहीं काँपती
वैसा ही है अचल चित्त यह
आत्मसाधना-रत योगी का। ६.१९

योगाभ्यास-निरुद्ध चित्त यह
होता जहाँ विरक्त पूर्णत:
और जहाँ वह तुष्टि स्वयं में
पाता देख आप अपने को। ६.२०

जहाँ बुद्धि से ग्राह्य, अतींद्रिय
अंतहीन आनंद भोगता
और जहाँ आसीन हुआ वह
दूर न होता कभी तत्त्व से। ६.२१

पाकर जिसे लाभ कोई भी
और न लगता बढ़कर उससे
और जहाँ स्थित रहकर विचलित
होता नहीं किसी भी दुख से। ६.२२

दुख-संयोग मिटानेवाले
उसे योग संज्ञा से जानो
दृढ़निश्चय से लगो उसी में
भर उत्साह हृदय में अपने। ६.२३

संकल्पों से जनमी अपनी
इच्छाओं को त्याग पूर्णत:
सभी ओर इंद्रिय-समूह को
मन के द्वारा वशीभूत कर। ६.२४

धीरज भरी बुद्धि द्वारा नर
धीरे-धीरे विरति जगाए
स्थापित कर मन को आत्मा में
चिंतन करे न और किसी का। ६.२५

जहाँ-जहाँ से निकल भटकता
हो यह मन अस्थिर औ' चंचल
वहाँ-वहाँ ही कसकर उसको
आत्मा के वश में ले आए। ६.२६

मन से शांत, रजोगुण-विरहित
दोषमुक्त औ' ब्रह्मभावमय
इस योगी के निकट स्वयं ही
परमानंद चला आता है। ६.२७

यों जब दोष-मुक्त वह योगी
अविरत आत्म-साधना करता
अनायास ही ब्रह्म-स्पर्श से
अंतहीन आनंद भोगता। ६.२८

वह अपने को सर्वभूत में
सब भूतों को अपने भीतर
समदर्शी सर्वत्र देखता
लगा योग में सतत स्वयं को। ६.२९

मुझको जो सर्वत्र देखता
तथा सभी को मेरे भीतर
मैं न अगोचर कभी उसे हूँ
वह न मुझे है कभी अगोचर। ६.३०

अपनाकर अद्वैत भाव को
सब भूतों में मुझे देखता
सब कामों में लगा हुआ भी
वह मुझमें ही वास कर रहा। ६.३१

'जैसा मेरा सुख या दुख है
उसी तरह से हर प्राणी का'
सभी जगह यों साम्य देखता
अर्जुन! वही परम योगी है। ६.३२

**अर्जुन**

हे मधुसूदन! यह समत्वमय
योग आपने बतलाया जो

चंचलता के रहते इसका
मैं न अचल आधार देखता। ६.१३

क्योंकि कृष्ण! यह मन है चंचल
अत्याचारी, बली, हठी भी
वायु न ज्यों रोकी जा सकती
इसका भी निग्रह है दुष्कर। ६.३४

**श्रीभगवान**

महाबाहु! निःसंशय यह मन
चंचल है, दुर्दम्य बहुत है।
पर अभ्यास तथा विरक्ति से
आ जाता वश में कुंती-सुत! ६.३५

संयत नहीं चित्त हो जिसका
उसे योग दुर्लभ रहता है
आत्मवशी जो यत्नवान है
उसे सुलभ रहता उपाय से। ६.३६

**अर्जुन**

श्रद्धा तो हो, किंतु न संयम
और हटा हो चित्त योग से
योग-सिद्धि से वंचित वह नर
कृष्ण! प्राप्त करता किस गति को? ६.३७

भ्रष्ट इधर से और उधर से
महाबाहु! वह मूढ़बुद्धि जन
ब्रह्म-मार्ग में स्थिति न प्राप्त कर
क्या खो जाता छिन्न मेघ-सा ? ६.३८

कृष्ण! उचित है, संशय मेरा
आप मिटाएँ पूर्णतया यह
सिवा आपके अन्य न कोई
काट सकेगा इस संशय को। ६.३९

**श्रीभगवान**

पार्थ! विनाश न उसका संभव
लोक या कि परलोक कहीं भी
शुभ कर्मों को करनेवाला
तात! न दुर्गति कभी भोगता। ६.४०

पुण्यकर्मियों के लोकों में
पहुँच, वासकर बहुत वर्ष तक
सदाचार-रत धनियों के घर
योगभ्रष्ट पैदा होता है। ६.४१

अथवा ज्ञानी योगिजनों के
कुल में जन्म ग्रहण करता है
उसका ऐसा जन्म बहुत ही
दुर्लभ है वह इस धरती पर। ६.४२

वहाँ उसे मिल जाते अपने
पूर्वजन्म-संस्कार बुद्धि के
हे कुरु-नंदन! तब करता है
सिद्धि हेतु फिर से प्रयत्न वह। ६.४३

विवश हुआ भी आगे खिंचता
उसी पूर्व अभ्यास-शक्ति से,

होकर भी जिज्ञासु योग का
पार चला जाता वेदों के। ६.४४

धुले पाप जिसके वह योगी
यत्नवान हो बहु प्रयास से
ले संस्कार कई जन्मों के
पा जाता है उत्तम गति को। ६.४५

तपस्वियों से बढ़कर योगी
तथा ज्ञानियों से भी बढ़कर
योगी बड़ा कर्मशीलों[१] से
अतः बनो योगी[२] हे अर्जुन। ६.४६

सकल योगियों में जो कोई
श्रद्धावान मुझे भजता है
मुझमें रमता अंतर्मन से
वही मान्य सर्वोत्तम योगी। ६.४७

□

---

१. सकाम कर्म करनेवालों में, २. कर्मयोगी

## सप्तम अध्याय

# ज्ञान-विज्ञान योग

**श्रीभगवान**

मुझमें मन को लगा, साधते
हुए योग, मुझ पर आश्रित हो
पार्थ! मुझे निश्चित जानोगे
पूर्णतया जिस विधि से, सुन लो। ७.१

मैं विज्ञान समेत कहूँगा
ज्ञान तुम्हें निःशेष रूप में
जिसे जानकर नहीं और कुछ
तुम्हें यहाँ ज्ञातव्य रहेगा। ७.२

पार्थ! हजारों में कोई नर
करता यत्न सिद्धि पाने को
यत्नशील उनमें भी कोई
सचमुच मुझे जान पाता है। ७.३

पृथ्वी, जल, पावक, समीर, नभ,
मनस्, बुद्धि औ' अहंकार भी
इन्हीं आठ रूपों में मेरी
अपरा नामक प्रकृति बँटी है। ७.४

इससे पृथक् प्रकृति जो मेरी
जान उसे तू 'परा' नाम से।
महाबाहु! वह जीव रूप में
धारण करती इस जगती को। ७.५

सब भूतों का[१] वही मूल है
अच्छी तरह समझ लो अर्जुन!
मैं ही हूँ आधार जगत् का
उद्‌भव और प्रलय दोनों का। ७.६

मुझसे आगे नहीं कहीं है
कोई वस्तु सृष्टि में अर्जुन!
सब कुछ मुझमें गुँथा हुआ है
जैसे मणियाँ किसी सूत्र में। ७.७

कुंती-पुत्र! जलों में रस हूँ
तथा प्रभा हूँ चंद्र-सूर्य में
सब वेदों में प्रणव-मंत्र[२] मैं
नभ में शब्द, नरों में पौरुष। ७.८

पुण्य गंध हूँ मैं पृथ्वी में
बनकर तेज आग में रहता
मैं ही जीवन सब जीवों में
तपस्वियों में तप मैं ही हूँ। ७.९

पार्थ! मुझे जानो निःसंशय
सब भूतों का बीज सनातन

---

१. प्राणियों व पदार्थों का, २. ओंकार जो ईश्वर का वाचक है।

मैं हूँ बुद्धि बुद्धिमानों की,
तेज तेजधारी लोगों का। ७.१०

मैं ही बल हूँ बलवानों का
मुक्त कामना और राग से
भरत-श्रेष्ठ! इस जीव जगत् में
काम धर्म-सम्मत मैं ही हूँ। ७.११

जो भी ये पदार्थ हैं जग में
सात्त्विक, राजस और तामसिक
उन्हें जान मुझसे ही जनमा,
वे मुझमें हैं, मैं न उन्हीं में। ७.१२

त्रिगुणात्मक इन भावों द्वारा
यह सारा ही जगत् विमोहित
नहीं जानता मुझे, परे जो
इन सबसे है, अविनाशी भी। ७.१३

यह लोकोत्तर तथा त्रिगुणमय
माया मेरी अति दुस्तर है
जो मेरे ही शरणागत हैं
वे तर जाते इस माया से। ७.१४

ज्ञान हरा माया ने जिनका
असुर भाव अपनाया जिनने
नीच, दुराचारी विमूढ़ वे
मनुज न मुझे कभी पा सकते। ७.१५

पार्थ! चतुर्विध सत्कर्मी जन
मेरी शरण ग्रहण करते हैं—
आर्त तथा जिज्ञासु, संपदा
पाने के अभिलाषी, ज्ञानी। ७.१६

इनमें है ज्ञानी सर्वोत्तम
एकनिष्ठ सर्वदा योग-रत
क्योंकि उसे मैं अतिशय प्रिय हूँ
और मुझे भी प्रिय लगता वह। ७.१७

सभी श्रेष्ठ ये, किंतु मानता
ज्ञानी को मैं आत्मरूप ही
योग-निरत वह पाता मुझको
जिससे बढ़ गंतव्य न कोई। ७.१८

जन्म बहुत से चुक जाते जब
तभी मुझे पाता है ज्ञानी
'सब कुछ वासुदेवमय' देखे
महापुरुष ऐसा दुर्लभ है। ७.१९

वश में होकर निज स्वभाव के
नाना नियमों को अपनाकर
नर हतबुद्धि कामनाओं से
लेते शरण अन्य देवों की। ७.२०

जो-जो भक्त, रूप जो-जो भी
श्रद्धा से पूजना चाहता
मैं उसकी उस श्रद्धा को बस
अविचल वहीं बना देता हूँ। ७.२१

उस श्रद्धा से युक्त हुए वे
उन्हें पूजते उसी रूप में
मिल जाते तब इष्ट उन्हें सब
जिनका निर्माता मैं ही हूँ। ७.२२

अल्पबुद्धि उन लोगों का वह
फल होता है नाशवान ही
देवाराधक जन देवों को,
मेरे भक्त मुझे पा जाते। ७.२३

मैं सचमुच अव्यक्त, मूढ़ जन
किंतु मुझे सुव्यक्त मानते
वे न जानते मेरे अनुपम
अविनाशी सर्वोच्च रूप को। ७.२४

मैं न कभी प्रत्यक्ष किसी को
क्योंकि योगमाया[१] से आवृत
मूढ़ लोक यह नहीं जानता
मुझ अविनाशी जन्म-रहित को। ७.२५

मैं अतीत के, वर्तमान के
तथा भविष्यत् के जीवों को
भलीभाँति जानता पार्थ हे!
किंतु न मुझे जानता कोई। ७.२६

इच्छा तथा द्वेष से जनमे
द्वंद्वों से आकर्षित होकर

---

१. ईश्वर की माया-शक्ति जिससे वह अव्यक्त से व्यक्त होता है।

इस जगती के सारे प्राणी
भ्रांति-ग्रस्त हो रहे परंतप[१]! ७.२७

अंत हुआ जिनके पापों का
लोग पुण्यकर्मी वे अर्जुन!
द्वंद्व-मोह से छुटकारा पा
भजते मुझको दृढ़निश्चय से। ७.२८

जरा-मृत्यु से मुक्ति हेतु वे
करते यत्न शरण मेरी ले
वे ज्ञाता उस ब्रह्म-तत्त्व के
निखिल कर्म, अध्यात्म सकल के। ७.२९

मुझे जानते साधिभूत[२] जो
साधिदैव[३] औ' साधियज्ञ[४] भी
योगनिष्ठ उनको रहता है
मेरा ज्ञान मृत्यु-क्षण में भी। ७.३०

□

---

१. शत्रुओं का दमनकर्ता अर्जुन, २. अधिभूत सहित, ३. अधिदैव सहित, ४. अधियज्ञ सहित। अधिभूत आदि शब्दों की व्याख्या अगले अध्याय में की गई है।

## अष्टम अध्याय

# अक्षरब्रह्मयोग

**अर्जुन**

पुरुषोत्तम! वह ब्रह्म कौन है,
क्या अध्यात्म, कर्म वह क्या है
कहा गया अधियज्ञ किसे है
औ' अधिदैव किसे कहते हैं? ८.१

हे मधुसूदन! इस शरीर में
यह अधियज्ञ कौन कैसा है
देह-त्याग के समय आपको
कैसे जाने आत्मवशी नर? ८.२

**श्रीभगवान**

ब्रह्म अनश्वर परम तत्त्व है
औ' स्वभाव अध्यात्म कहाता
भूतों की सत्ता की कारण
सृष्टि-क्रिया, बस वही कर्म है। ८.३

क्षर-पदार्थ अधिभूत सभी हैं
आत्म-पुरुष अधिदैव कहाता
देहधारियों में वरेण्य हे!
इस तन में अधियज्ञ स्वयं मैं। ८.४

अंतकाल में स्मरण मुझे ही
करते हुए कलेवर तज कर
जो जाता है, पा लेता वह
निश्चय ही मेरे स्वरूप को। ८.५

अथवा जो भी भाव अंत में
मन में रखकर देह त्यागता
भावित हो नर उसी भाव से
सदा उसे ही पाता अर्जुन! ८.६

अत: सभी कालों में मेरा
स्मरण करो, रण में जुट जाओ
मनस्-बुद्धि कर मुझे समर्पित
निश्चय ही पा लोगे मुझको। ८.७

एकनिष्ठ मन से जुट जाता
जो अभ्यास-योग में अर्जुन!
ध्यान-निरत वह उस लोकोत्तर
दिव्य पुरुष को पा जाता है। ८.८

जो अणु से भी अधिक सूक्ष्म, जो सर्वनियंता
सब को धारण करनेवाला, दूर तमस् से
जिसका रूप अचिंत्य, सूर्य-सम जो तेजस्वी
उस सर्वज्ञ पुराण पुरुष का ध्यान करे जो,
चलाचली की वेला में वह भक्ति-युक्त जन
अचल चित्त से तथा योग बल के द्वारा भी
भृकुटि-मध्य में प्राण-तत्त्व का समावेश कर
पा जाता है उस लोकोत्तर दिव्य पुरुष को। ८.९-१०

जिसे वेद के ज्ञाता अविनाशी कहते हैं,
होते हैं तल्लीन वीतरागी यति जिसमें
ब्रह्मचर्य धारण करते वे जिसे चाहकर
वही परम पद बतलाता मैं तुम्हें सूक्ष्मतः। ८.११

संयत कर इंद्रिय-द्वारों को
मन को मूँद हृदय के भीतर
स्थापित कर प्राणों को सिर में
करते हुए योग को धारण। ८.१२

उस एकाक्षर ब्रह्म 'ओम्' को
जपते-जपते, मुझे सुमिरते
जो जाता है देह छोड़कर
वह पाता सर्वोत्तम गति को। ८.१३

जो अनन्य मन से मेरा ही
करता स्मरण सदैव निरंतर
नित्य योग-रत उस योगी को
मैं हूँ सुलभ सर्वदा अर्जुन! ८.१४

परम सिद्धि से युक्त महात्मा
साधक मेरे पास पहुँचकर
पुनर्जन्म फिर प्राप्त न करते
जो दुखों से पूर्ण, विनश्वर। ८.१५

ब्रह्मलोक तक सब लोकों से
पुनः लौटना पड़ता अर्जुन!
पर कौंतेय! मुझे पा जाता
पुनर्जन्म न उसका होता। ८.१६

युग सहस्र का दिन ब्रह्मा का
और रात उतनी ही लंबी
जो जन इसे जान लेते हैं
वे हैं काल-तत्त्व के ज्ञाता। ८.१७

दिन आने पर प्रकटित होता
व्यक्त जगत् अव्यक्त तत्त्व से
आती रात, लीन हो जाता
उस अव्यक्त तत्त्व में फिर से। ८.१८

पार्थ! प्राणियों का समूह यह
विवश जन्म ले बार-बार ही
होता लीन रात आने पर
तथा दिवस आने पर प्रकटित। ८.१९

उस अव्यक्त तत्त्व के ऊपर
एक और अव्यक्त सनातन
रहता है, जो नष्ट न होता
चाहे प्राणी सभी नष्ट हों। ८.२०

वह अव्यक्त कहाता अक्षर
ज्ञानी उसे परम गति कहते
पाकर जिसे न पड़े लौटना
वह मेरा सर्वोच्च धाम है। ८.२१

पार्थ! परम वह पुरुष प्राप्य है
मात्र अनन्य भक्ति के द्वारा
सभी भूत जिसके भीतर हैं
और व्याप्त यह सब कुछ जिससे। ८.२२

जिस वेला में कर प्रयाण ये
योगी जन लौटते नहीं हैं
या कि लौट आते हैं फिर से
भरत-श्रेष्ठ! वह तुम्हें बताता। ८.२३

अग्नि, ज्योति, दिन, शुक्ल पक्ष हो
औ' षड्मास उत्तरायण[१] के
करते हैं प्रयाण जो उनमें
वे ब्रह्मज्ञ ब्रह्म को पाते। ८.२४

धूम, रात्रि हो, कृष्ण-पक्ष हो
औ' षड्मास दक्षिणायन[२] के
उनमें पाकर चंद्र-ज्योति को
पुनः लौट आते हैं योगी। ८.२५

शुक्ल, कृष्ण दोनों ये शाश्वत
मानी गईं जगत् की गतियाँ
इनमें एक नहीं लौटाती
और दूसरी लौटा देती। ८.२६

इन दोनों मार्गों का ज्ञाता
योगी नहीं मोह में पड़ता
अतः सभी कालों में अर्जुन!
रहो योग में लगे हुए ही। ८.२७

इसे जानकर योगी जन वेदों, यज्ञों में
तथा तपों में औ' दानों में जो वर्णित है
उस सुपुण्य फल की सीमा को लाँघ पूर्णतः
पा जाते हैं आद्य तथा सर्वोच्च स्थान को। ८.२८ □

---

१. जब सूर्य भूमध्य-रेखा से उत्तर में रहता है, २. जब सूर्य भूमध्य-रेखा से दक्षिण में रहता है।

## नवम अध्याय

# सर्वोच्च विद्या एवं रहस्य

**श्रीभगवान**

दोषदर्शिता-रहित तुम्हें मैं
बतलाऊँगा ज्ञान गूढ़तम
जिसे जान विज्ञान-सहित तुम
बच जाओगे पार्थ! अशुभ से। ९.१

सर्वोपरि विद्या, रहस्य यह
परम गूढ़, पावन उत्तम है
अनुभव-गम्य, धर्मसम्मत यह
सुख से आचरणीय, अनश्वर। ९.२

पुरुष जो न श्रद्धा रखते हैं
हे रिपु-तापक! उक्त ज्ञान में
पहुँच न मुझ तक विवश लौटते
इसी मृत्यु-संसार मार्ग में। ९.३

मैं अव्यक्त रूप वाला हूँ
मुझसे यह सब जगत् व्याप्त है
सब प्राणी मुझमें रहते हैं
पर मैं उनमें नहीं अवस्थित। ९.४

फिर भी भूत[१] न रहते मुझमें
दिव्य योग यह देखो मेरा
भूतों का स्रष्टा, पालक भी
मैं न स्वयं बसता हूँ उनमें। ९.५

जैसे वायु सर्वगामी यह
रहता है सर्वदा गगन में
उसी तरह से सभी भूत ये
मुझमें रहते, यही समझ लो। ९.६

सभी भूत ये कल्प-अंत में
होते लीन प्रकृति में मेरी
उन्हें पुनः रच देता हूँ मैं
हे कुंती-सुत! नए कल्प में। ९.७

ले आधार प्रकृति का अपनी
बार-बार रचता रहता हूँ
इस सारे ही भूत-जगत् को
पराधीन है जो स्वभाववश। ९.८

अनासक्त मुझको न बाँधते
कर्म सभी वे कभी धनंजय।
उन कर्मों से मैं तटस्थ सा
रहता हूँ आसीन सर्वदा। ९.९

मेरी दृष्टि तले ही रचती
प्रकृति चराचर सहित जगत् को

---

१. प्राणी व पदार्थ

इसीलिए तो हे कुंती-सुत!
जगत् बदलता बहु रूपों में। ९.१०

धारण करता मनुज-देह जब
करते मूढ़ अवज्ञा मेरी
परम भाव मेरा न जानते,
मैं हूँ महाईश भूतों का। ९.११

व्यर्थ हुईं उनकी आशाएँ
नष्ट हुए सब कर्म-ज्ञान भी
राक्षस, आसुर तथा मोहिनी
प्रकृति मिली है जिन मूढ़ों को। ९.१२

किंतु महात्मा लोग पार्थ हे!
आश्रय लेकर दैव प्रकृति का
जान भूत-स्रष्टा अविनाशी
भजते मुझे अनन्य हृदय से। ९.१३

सतत सुकीर्तन करते मेरा
यत्नशील वे दृढ़व्रतधारी
करते हुए प्रणाम भक्ति से
नित्य योग-रत ध्यान लगाते। ९.१४

तथा अन्य जन ज्ञानयज्ञ से
मुझे पूजते, ध्यान लगाते
ऐक्य-बुद्धि से, भेद-बुद्धि से,
भाँति-भाँति से मुझ विराट का। ९.१५

मैं ही क्रतु[१] हूँ तथा यज्ञ हूँ
मैं ही स्वधा[२] और औषध हूँ
मैं ही मंत्र तथा घृत मैं ही
मैं ही अग्नि, हवन भी मैं हूँ। ९.१६

इस जग का मैं पिता, पितामह,
माता और विधाता मैं हूँ
मैं ही ज्ञेय तथा पावन हूँ
प्रणव[३] और ऋक् , साम, यजुष्[४] मैं। ९.१७

मैं गंतव्य, भरणकर्ता, प्रभु
साक्षी, आश्रय, शरण, सखा मैं
सृष्टि, प्रलय औ' स्थिति भी मैं हूँ
मैं आधार, बीज अविनश्वर। ९.१८

मैं ही तपता सूर्य रूप में
वृष्टि रोकता, बरसाता मैं
मैं ही अमृत, मृत्यु भी मैं हूँ
मैं ही सत् औ' असत् पार्थ हे! ९.१९

सोमपान के प्रेमी, वेत्ता वेदत्रयी[५] के
यज्ञ रचाकर चाह स्वर्ग पाने की करते
पापहीन वे पाकर पावन इंद्र-लोक को
दिव्य-भोग सब देवोचित भोगते स्वर्ग में। ९.२०

---

१. कर्मकांड, २. पितरों को दी जानेवाली आहुति, ३. पवित्र अक्षर ओम्, ४. क्रमशः ऋग्वेद, सामवेद तथा यजुर्वेद के मंत्र, ५. ऋग्वेद, सामवेद तथा यजुर्वेद का समूह

वे विशाल उस स्वर्गलोक को भोग, पुण्य के
चुक जाने पर पुनः लौटते मृत्युलोक में
यों वेदोक्त काम्य कर्मों का आश्रय लेकर
जन्म-मृत्यु पाते रहते वे भोग-लालसी। ९.२१

एकनिष्ठ जो ध्यान-लीन जन
मेरी ही उपासना करते
सदा भक्ति-रत उन लोगों का
योग-क्षेम मैं धारण करता। ९.२२

जो भी भक्त अन्य देवों के
श्रद्धापूर्वक उन्हें पूजते
वे भी कुंती-सुत! मेरी ही
पूजा करते विधि न जानकर। ९.२३

क्योंकि सभी यज्ञों का मैं ही
भोक्ता हूँ, स्वामी भी मैं हूँ
वे न तत्त्वतः मुझे जानते
इसीलिए तो राह भटकते। ९.२४

देव-भक्त देवों को पाते
पितृ-उपासक जन पितरों को
भूत-भक्त पाते भूतों को
मुझे उपासक मेरे अपने। ९.२५

पत्र, पुष्प, फल, तोय आदि वह
जो भी भक्ति-भाव से देता
प्रेम-भाव से अर्पित उसको
लेता मैं संयमी भक्त से। ९.२६

जो कुछ करते, जो कुछ खाते
जो कुछ हवन, दान करते हो
कुंती-सुत! तप भी जो करते
करो सभी कुछ मुझे समर्पित। ९.२७

यों शुभ और अशुभ फलवाले
कर्म-बंधनों से छूटोगे
लगा चित्त संन्यास-योग में
हो विमुक्त मुझको पा लोगे। ९.२८

सब भूतों के प्रति समान मैं,
मेरा शत्रु न प्रिय है कोई
जो भजते हैं मुझे भक्ति से
वे मुझमें हैं, मैं उनमें हूँ। ९.२९

अगर दुराचारी भी कोई
भजता मुझे अनन्य भाव से
मानो तुम सत्पुरुष उसे भी
क्योंकि उचित संकल्पयुक्त वह। ९.३०

शीघ्र सदाचारी बनता वह
शाश्वत शांति उसे मिलती है
निश्चित जान पार्थ हे! मेरा
भक्त न कभी नष्ट होता है। ९.३१

मेरी शरण ग्रहण करते जो
चाहे हों वे नीच जाति के
अथवा नारी, वैश्य, शूद्र हों
वे भी पार्थ! परम गति पाते। ९.३२

पुण्यवान जो विप्र, भक्त जन
औ' राजर्षि बात क्या उनकी!
इस अनित्य सुखहीन लोक को
पाकर मेरी भक्ति करो तुम। ९.३३

चित्त लगाओ मुझमें, मेरा
भजन करो, पूजन-वंदन भी
मुझको ही पा लोगे यों तुम
आत्मोन्मुख, शरणागत मेरे। ९.३४

□

## दशम अध्याय

# विभूतियोग

**श्रीभगवान**

महाबाहु! अब फिर से सुन लो
तुम मेरा यह वचन गूढ़तम
कहता जिसे हितेच्छा से मैं
क्योंकि प्रीति अति मुझ पर तेरी। १०.१

मेरा उद्‌गम नहीं जानते
देवों के गण औ' महर्षि जन
क्योंकि मूल मैं सभी तरह से
उन देवों का, महर्षियों का। १०.२

मुझे लोक का सर्वोपरि प्रभु
तथा जानता अज, अनादि जो
भ्रांतिहीन है वह मर्त्यों में
तथा छूटता सब पापों से। १०.३

बुद्धि, ज्ञान औ' भ्रांतिहीनता
क्षमा, सत्य, दम, मन:शांति भी
सुख-दुख, सत्ता और असत्ता
भय का भाव तथा निर्भयता। १०.४

हिंसा–त्याग, तुष्टि औ' समता
तपस्, दान, यश तथा अयश भी
सभी दशाएँ ये मर्त्यों की
मुझसे ही उद्भूत हुई हैं। १०.५

सात महर्षि, चार पहले के
स्वायंभुव मनु आदि हुए जो
मन से जनमे, मुझमें रहते
जिनकी जग में ये संततियाँ। १०.६

मेरी महिमा, योग–शक्ति को
सचमुच में जो भक्त जानता
अविचल योग साधकर मुझमें
मिल जाता, संदेह नहीं है। १०.७

मुझसे आविर्भाव सभी का
सब कुछ मुझसे ही चालित है
यही सोचकर श्रद्धा से युत
ज्ञानी जन मुझको भजते हैं। १०.८

मुझमें लगा चित्त, प्राणों को
बोध परस्पर मेरा करते
कहते हुए कथाएँ मेरी
नित्य तुष्ट, आनंदित रहते। १०.९

प्रीतिभाव से सतत ध्यान–रत
तथा भक्ति–रत उन लोगों को
मैं देता वह ज्ञान जिसे पा
मेरे पास पहुँच जाते वे। १०.१०

उन पर ही अनुग्रह करने को
आत्मरूप होकर मैं उनका
अज्ञानज तम सकल मिटाता
उज्ज्वल ज्ञान-दीप के द्वारा। १०.११

**अर्जुन**

परम ब्रह्म हैं, परम धाम हैं
सबसे अधिक पवित्र आप हैं
पुरुष सनातन, आदि देवता,
दिव्य, अजन्मा, घट-घट व्यापी
बतलाते ऋषि सभी आपको,
नारद जो देवर्षि, असित मुनि,
देवल, व्यास यही कहते हैं
आप स्वयं भी यही कह रहे। १०.१२-१३

जो कुछ मुझे कह रहे केशव!
उस सबको मैं सत्य मानता
ये सुर-दानव नहीं जानते
यह लीलामय रूप आपका। १०.१४

हे पुरुषोत्तम! आप जानते
अपने द्वारा स्वयं आपको
भूतोद्भावक! हे भूतेश्वर!
देवों के भी देव! जगत्पति! १०.१५

होगा उचित बताएँ मुझको
जो विभूतियाँ दिव्य आपकी
जिन विभूतियों से लोकों में
होकर व्याप्त सदा रहते हो। १०.१६

ध्यान-निरत मैं सदा आपको
कैसे जानूँ हे योगेश्वर!
हे भगवन्! किन-किन रूपों में
चिंतनयोग्य आप हैं मेरे? १०.१७

पुन: बताएँ विशद रूप में
अपना योग, विभूति जनार्दन!
क्योंकि अमृतमय वचन आपका
सुनते मुझे न तृप्ति हो रही। १०.१८

**श्रीभगवान**

अहा! बताऊँगा मैं तुमको
अपनी लोकोत्तर विभूतियाँ
मुख्य-मुख्य ही, क्योंकि पार्थ हे!
अंत न मेरी व्यापकता का। १०.१९

मैं आत्मा हूँ सब भूतों का
हृदय-निवासी गुडाकेश हे!
मैं हूँ आदि, मध्य मैं ही हूँ
तथा अंत भी सब भूतों का। १०.२०

आदित्यों[१] में विष्णु-रूप मैं
अंशुमान[२] रवि ग्रह-समूह में
मरुतों[३] में मरीचि मैं ही हूँ
नक्षत्रों के मध्य चंद्र मैं। १०.२१

---

१. अदिति के बारह पुत्र, जो आदित्य कहे जाते हैं, २. सूर्य, ३. दिति के पुत्र ४९ मरुत् देवता

मैं वेदों में सामवेद हूँ
वासव[१] सभी देवताओं में
मन हूँ मैं इंद्रिय-समूह में
तथा चेतना हूँ भूतों में। १०.२२

रुद्रों में शंकर मैं ही हूँ
यक्ष-राक्षसों में कुबेर मैं
वसुओं में पावक[२] कहलाता
तथा पर्वतों में सुमेरु हूँ। १०.२३

हे कौंतेय! मुझे जानो तुम
पुरोहितों में प्रमुख बृहस्पति
स्कंद[३]-रूप सेनापतियों में
जलाशयों में सागर हूँ मैं। १०.२४

महर्षियों में मैं ही भृगु हूँ
शब्द-राशियों में अक्षर हूँ
यज्ञों में जपयज्ञ कहाता
अचल पदार्थों में हिमगिरि हूँ। १०.२५

वृक्षों में अश्वत्थ[४]-रूप हूँ
नारद हूँ देवर्षि-वर्ग में
बना चित्ररथ गंधर्वों में
सिद्धों में मुनि कपिल-रूप मैं। १०.२६

जानो उच्चैःश्रवा[५] मुझे तुम
अश्वों में, सहजात अमृत का

---

१. इंद्र, २. अग्नि, ३. कार्तिकेय, ४. पीपल का पेड़, ५. इंद्र का घोड़ा

गजराजों में ऐरावत मैं
तथा नरों में उनका राजा। १०.२७

वज्र मुझे जानो अस्त्रों में
कामधेनु मैं गो-समूह में
प्रजनन-प्रेरक कामदेव मैं
सर्पों में वासुकि मैं ही हूँ। १०.२८

नागों में अनंत नामक मैं
वरुण—जलचरों का स्वामी मैं
पितरों में अर्यमा[१]-रूप मैं
दंडधारियों में यम मैं हूँ। १०.२९

दैत्यों में प्रह्लाद-रूप मैं
काल गणन[२] करनेवालों में
मैं ही हूँ मृगराज[३] मृगों में
तथा गरुड़ हूँ मैं विहगों में। १०.३०

मैं पवित्र करनेवालों में
पवन, राम हूँ शस्त्रधरों में
मत्स्यों में मैं मगरमच्छ हूँ
सरिताओं में पूत जाह्नवी[४] १०.३१

सभी सृष्टियों का मैं अर्जुन!
आदि, अंत हूँ तथा मध्य भी
शास्त्रों में अध्यात्म-शास्त्र हूँ
तथा तर्क मैं वाद-रतों का। १०.३२

---

१. पितरों में प्रधान, २. गणना, ३. सिंह, ४. गंगा नदी

मैं अकार अक्षर–समूह में
द्वंद्व–समास समासों में हूँ
मैं ही अक्षय काल तत्त्व हूँ
पालक हूँ सर्वतोमुखी मैं। १०.३३

मैं ही मृत्यु सर्वहर्ता हूँ
औ' उद्‌भव भावी भूतों का
सभी नारियों का यश, श्री, वाणी,
स्मृति, मेधा, धृति और क्षमा मैं। १०.३४

सामों[1] में मैं बृहत्साम हूँ
गायत्री[2] हूँ मैं छंदों में
मासों में मैं मार्गशीर्ष हूँ
ऋतुओं में वसंत ऋतु मैं हूँ। १०.३५

छल–छद्‌मों में द्यूत–रूप मैं
तथा तेज तेजस्वि–जनों का
जय हूँ, स्थिर निश्चय भी मैं हूँ
मैं हूँ सत्त्व सत्त्वशीलों का। १०.३६

वृष्णि–वंश[3] में वासुदेव मैं
तथा धनंजय पांडु–सुतों में
मुनियों में मैं व्यास–रूप हूँ
कवियों में कवि शुक्र बना हूँ। १०.३७

दंड–शक्ति मैं दंडधरों की
तथा नीतिबल जयेच्छुओं का

---

१. सामवेद के मंत्र, २. एक वैदिक छंद, ३. यादवों का एक वंश, जिसमें कृष्ण का जन्म हुआ था।

मौन, रहस्यों का रक्षक मैं
तत्त्व-ज्ञान ज्ञानी लोगों का। १०.३८

हे अर्जुन! जो बीज कहाता
सब भूतों का, वह मैं ही हूँ
चर या अचर भूत कोई भी
मेरे बिना न रह सकता है। १०.३९

अंत नहीं मेरी लोकोत्तर
विभूतियों का हे रिपु-तापक!
नाम मात्र से ही मैंने यह
निज विभूति-विस्तार बताया। १०.४०

जो-जो भी विभूति से, श्री से
युक्त विलक्षण वस्तु दीखती
उस-उस को तुम समझो मेरे
तेज अंश से ही उद्भावित। १०.४१

अथवा अर्जुन! लाभ न कोई
यह सब बहुत जान लेने से
मैं संपूर्ण जगत् को अपने
एक अंश से धारण करता। १०.४२

□

## ग्यारहवाँ अध्याय

# विश्वरूप-दर्शन

**अर्जुन**

मुझ पर अनुग्रह हेतु आपने
आध्यात्मिक उपदेश दिया जो
परम गुह्य यह, इससे मेरा
मोह सकल अब दूर हो गया। ११.१

भूतों का उद्‌भव, विनाश भी
सुना आपसे विशद रूप में
कमलनेत्र हे! सुनी आपकी
महिमा भी जो अंतहीन है। ११.२

हे परमेश्वर! आप स्वयं को
बता रहे जैसा, वह सच है
पुरुषोत्तम! मेरी इच्छा है
ईश्वर-रूप आपका देखूँ। ११.३

प्रभुवर! यदि देखा जा सकता
हो स्वरूप वह मेरे द्वारा
तो योगेश्वर! मुझे दिखाएँ
उस अविनाशी आत्मरूप को। ११.४

**श्रीभगवान**

देखो पार्थ! रूप नानाविध
मेरे तुम सैकड़ों-हजारों
दिव्य सभी, नाना वर्णों के
नाना आकृतियों के धारक। ११.५

आदित्यों, वसुओं, रुद्रों को
देखो अश्विन्[१] मरुतों को भी
देखो तुम अचरज बहुतेरे
जिन्हें न पहले देखा भारत! ११.६

देखो यहाँ देह में मेरे
यह सारा ही जगत् चराचर
एक जगह ही तथा सभी कुछ
जिसे देखने की इच्छा हो। ११.७

किंतु न मुझे देख सकते तुम
अपनी इन भौतिक आँखों से
दिव्य-दृष्टि मैं तुम्हें सौंपता
देखो दिव्य-शक्ति तुम मेरी। ११.८

**संजय**

इस प्रकार कहकर हे राजन्!
वचन महायोगेश्वर हरि ने
दिखलाया उस पृथा-पुत्र को
अपना परम रूप लोकोत्तर। ११.९

---

१. देवताओं की जोड़ी, जो देवों की चिकित्सक मानी जाती है।

जिसमें थे मुख, नेत्र बहुत से
दृश्य अनेक दीखते अद्‌भुत
चमक रहे बहु दिव्य आभरण
दिव्य अनेक शस्त्र उत्थित थे। ११.१०

दिव्य वस्त्र, मालाएँ पहने
दिव्य गंध का लेप लगाए
अचरज भरा रूप देखा उस
विश्वमुखी निस्सीम देव का। ११.११

यदि सहस्र सूर्यों की आभा
दमके एक साथ अंबर में
तो समान हो सकती शायद
दिव्य पुरुष के उस प्रकाश से। ११.१२

तब उस पांडु-पुत्र ने देखा
उस देवाधिदेव के तन में
एक जगह ही सकल जगत् को
बँटा हुआ नाना रूपों में। ११.१३

देख उसे आश्चर्य-चकित वह
रोमांचित हो गया धनंजय
शीष नवा उस परम देव को
हाथ जोड़कर लगा बोलने। ११.१४

**अर्जुन**

देख रहा हूँ देव! तुम्हारी इसी देह में
मैं सारे ही भाँति-भाँति के भूतगणों को

कमलासन-संस्थित ब्रह्मा को, महादेव को
सभी दिव्य ऋषियों को एवं सर्पगणों को। ११.१५

हैं अनेक ये बाहु, उदर, मुख, नेत्र तुम्हारे
देख रहा हूँ रूप तुम्हारे ये अनंत हैं
हे विश्वेश्वर! विश्वरूप! मैं देख रहा हूँ
अंत, मध्य औ' आदि नहीं है कहीं तुम्हारा। ११.१६

मुकुट, गदा औ' चक्र किए हैं धारण तुमने
सभी ओर से दीप्तिमान तेजःस्वरूप हो
देख न पाते नेत्र तुम्हें ये किसी ओर से
दीप्त अग्नि रवि से तेजस्वी, अविज्ञेय हो। ११.१७

तुम हो अक्षर तत्त्व, ज्ञान के चरम विषय हो
निखिल विश्व के एक तुम्हीं अंतिम आश्रय हो
निर्विकार तुम रक्षक हो शाश्वत सुधर्म के
तुम्हीं सनातन दिव्य पुरुष हो मेरे मत में। ११.१८

आदि, मध्य औ' अंत रहित तुम अमित-शक्तिधर
भुज अनंत हैं, सूर्य-चंद्र युग नेत्र तुम्हारे
देख रहा हूँ दीप्त अग्नि सा मुखमंडल है
तपा रहे हो तुम स्वतेज से इस जगती को। ११.१९

स्वर्गलोक के औ' पृथ्वी के अंतराल में
एक तुम्हीं हो व्याप्त सकल दिग्दिगंतरों में
उग्र तुम्हारा रूप देखकर विस्मयकारक
दिव्य पुरुष! यह सकल त्रिलोकी काँप रही है। ११.२०

सुर-समूह ये सब प्रविष्ट हो रहे तुम्हीं में
कुछ भयभीत हाथ जोड़े गुणगान कर रहे
'स्वस्ति' बोलकर महर्षियों, सिद्धों के दल ये
स्तवन तुम्हारा करते हैं बहुविध स्तुतियों से। ११.२१

रुद्र और आदित्य सभी, वसु तथा साध्यगण
विश्वेदेव, अश्विनी के सुत[१], मरुत्, पितृगण
यक्ष, असुर, गंधर्व, सिद्ध समुदाय सभी ये
विस्मित होकर देख रहे हैं देव! तुम्हीं को। ११.२२

महाबाहु हे! रूप तुम्हारा अति विशाल है
जिसमें बहुमुख, नेत्र, भुजाएँ, ऊरु, पाद हैं
उदर अनेक, दाढ़ बहुतेरी, विकट रूप है
देख जिसे मैं तथा लोक ये सब व्याकुल हैं। ११.२३

नभ को छूते दमक रहे हो बहुवर्णी तुम
मुख विस्फारित, चमक रही आँखें विशाल हैं
देख तुम्हारा यह स्वरूप अति विकल-हृदय मैं
मन की स्थिरता तथा शांति खो बैठा प्रभुवर! ११.२४

कालानल की तरह धधकते हुए तुम्हारे
दाढ़ों से विकराल मुखों को देख-देखकर
दिग्विमूढ़ हूँ, मन का चैन गँवा बैठा हूँ
कृपा करो हे देवेश्वर! हे जग के आश्रय! ११.२५

नृप-समूह के साथ सभी धृतराष्ट्र-पुत्र ये,
भीष्म-द्रोण औ' सूतपुत्र वह वीर कर्ण भी

---

१. अश्विनीकुमार

लेकर साथ हमारे अपने मुख्य भटों को
देख रहा हूँ सब प्रविष्ट हो रहे तुम्हीं में। ११.२६

दाढ़ों से विकराल तुम्हारे अति भयावने
मुख-समूह में वे प्रविष्ट हो रहे वेग से
कुछ दाँतों के बीच फँसे दिखलाई देते
मस्तक उनके क्षत-विक्षत हो रहे विमर्दित। ११.२७

ज्यों नदियों की वेगवती बहु जलधाराएँ
बहकर सागर ओर उन्हीं में जा मिलती हैं
वैसे ही इस मनुज-लोक के शूर-वीर नर
लीन हो रहे इन्हीं तुम्हारे ज्वलित मुखों में। ११.२८

आत्मनाश के लिए वेग से उड़ते भुनगे
जा गिरते हैं यथा सुलगती हुई आग में
उसी तरह ये लोक तुम्हारे विकट मुखों में
लीन हो रहे नाश हेतु अति तीव्र वेग से। ११.२९

ज्वलित मुखों से सब लोकों को ग्रास बनाते
चाट रहे हो सभी ओर से बार-बार तुम
उग्र तुम्हारी दीप्त प्रभाएँ सकल जगत् को
तेजराशि से भरकर प्रभुवर! तपा रही हैं। ११.३०

मुझे बताएँ आप कौन हैं उग्ररूपधर
नमन तुम्हारा हे देवेश्वर! कृपा कीजिए
चाह रहा हूँ तुम्हें जानना आदिपुरुष हे!
ज्ञान नहीं है मुझे तुम्हारी इस प्रवृत्ति का। ११.३१

**श्रीभगवान**

लोक-क्षय का कर्ता मैं तो महाकाल हूँ
मैं प्रवृत्त हूँ यहाँ लोक-संहार हेतु ही
शत्रु-सैन्य में ये जो योद्धा खड़े हुए हैं
जीवित नहीं बचेंगे चाहे तुम मत मारो। ११.३२

अतः उठो हे अर्जुन! अर्जन करो कीर्ति का
जीत शत्रुओं को भोगो संपन्न राज्य को
पहले ही कर चुका हनन मैं इन लोगों का
अब निमित्त ही बनो सव्यसाचिन्[१]! तुम केवल। ११.३३

ये गुरु द्रोणाचार्य, भीष्म ये तथा जयद्रथ
सूतपुत्र यह कर्ण और भी वीर लड़ाके
मुझसे निहत इन्हें मारो तुम, व्यथित न होओ
कूद पड़ो रण में जीतोगे शत्रु-दलों को। ११.३४

**संजय**

केशव के इन वचनों का कर श्रवण चकित हो
अंजलि बाँध मुकुटधारी वह लगा काँपने
नमस्कार कर पुनः कृष्ण से बोला नत हो
भय-विह्वल सा, वाणी उसकी रुँधी हुई थी। ११.३५

**अर्जुन**

ऋषीकेश! है उचित तुम्हारी इस सुकीर्ति से
आनंदित है जगत् तथा अनुराग-युक्त भी
राक्षस सब भयभीत भागते दिशा-दिशा में
सिद्धों के दल सकल नमन कर रहे तुम्हीं को। ११.३६

---

१. अर्जुन

ब्रह्मा के भी प्रथम रचयिता, गौरवशाली
क्यों न तुम्हें सब नमन करेंगे सिद्ध लोग वे
हे अनंत! देवेश! जगत् के आश्रय भगवन्!
तुम अक्षर हो जो कि परे सत् तथा असत् से। ११.३७

आदिदेव तुम, पुरुष पुरातन एक तुम्हीं हो
सकल विश्व के तुम्हीं एक हो अंतिम आश्रय
ज्ञाता तथा ज्ञेय दोनों, सर्वोच्च धाम हो
तुमसे व्याप्त विश्व यह सारा अमित-रूप हे! ११.३८

तुम्हीं वायु, यमराज, अग्नि हो, वरुण, चंद्र हो
ब्रह्मा भी हो तथा पिता उस ब्रह्मा के भी
नमन तुम्हारा, नमन हजारों बार तुम्हें हो
बार-बार फिर नमस्कार हो, नमस्कार हो। ११.३९

नमन तुम्हारे अग्र भाग में, पृष्ठ भाग में
सभी ओर से नमन तुम्हें हो सर्वरूप हे!
हे अनंतबल! अमित पराक्रमधारी तुममें
सभी समाया इसीलिए तुम सर्वात्मा हो। ११.४०

नहीं जानते हुए तुम्हारी इस महिमा को
सखा समझकर वचन कहे जो अब तक मैंने
कृष्ण, सखा, यादव शब्दों से संबोधित कर
बिना विचारे बस प्रमादवश याकि प्रीति से। ११.४१

इसी तरह से भ्रमण, शयन, आसन, भोजन के
समय किया अवमानित अच्युत! हास हेतु ही
कभी अकेले में, मित्रों के कभी सामने
उसके लिए क्षमा-प्रार्थी मैं अप्रमेय[1] हे! ११.४२

---

१. अपरिमित या अज्ञेय

सकल चराचर लोकों के तुम एक पिता हो
गौरवशाली गुरु हो, तुम ही वंदनीय हो
हे अनुपम प्रभावशाली! इस लोकत्रय में
तुम-सा कोई नहीं, अधिक कोई क्या होगा। ११.४३

इसीलिए मैं कर प्रणाम, साष्टांग लेटकर
स्तुति के योग्य ईश तुमको ही मना रहा हूँ
सहन करें मेरे दोषों को जैसे करता
पिता पुत्र के, मित्र मित्र के, प्रियजन प्रिय के। ११.४४

देख अदृष्टपूर्व तुमको मैं आनंदित हूँ
किंतु भीति से मन मेरा यह अति व्याकुल है
देव! रूप बस वही दिखाएँ एक बार फिर
जग के आश्रय! देवेश्वर हे! कृपा कीजिए। ११.४५

मुकुट, गदा को धारण करते चक्र हाथ ले
इसी रूप में तुम्हें देखने का इच्छुक हूँ
हे सहस्रभुज! विश्वमूर्ति हे! पुनः पूर्ववत्
प्रकट होइए वही चतुर्भुज रूप ग्रहण कर। ११.४६

**श्रीभगवान**

हे अर्जुन! दिखलाया मैंने अति प्रसन्न हो
अपनी योग-शक्ति से तुमको यह तेजोमय
आदिभूत, निस्सीम रूप अपना विराट् जो
उसे न तुमसे अन्य किसी ने पहले देखा। ११.४७

नहीं वेद औ' यज्ञों के अध्ययन, दान से
नहीं क्रियाओं द्वारा अथवा उग्र तपों से

इस स्वरूप में कभी दिखा मैं किसी और को
सिवा तुम्हारे मनुज-लोक में कुरु-प्रवीर हे! ११.४८

इस प्रकार का रूप देख मेरा यह भयप्रद
व्यथित न होओ, मूढ़भाव भी करो न धारण
लो देखो तुम रूप वही अब मेरा फिर से
भय-विमुक्त हो, मन-ही-मन आनंदित होकर। ११.४९

**संजय**

इस प्रकार उस वासुदेव ने कह अर्जुन से
रूप चतुर्भुज वही दिखाया अपना उसको
तथा ग्रहण कर सौम्य देह फिर दिव्य पुरुष ने
धैर्य बँधाया अपने इस भयभीत सखा को। ११.५०

**अर्जुन**

यह मानव का रूप देखकर
सौम्य तुम्हारा पुनः जनार्दन!
समझ लौट आई है मेरी
प्राप्त हुआ हूँ सहज दशा को। ११.५१

**श्रीभगवान**

तुमने मेरा अतिशय दुर्लभ
देखा है जो रूप पार्थ! यह
देव-वृंद भी इस स्वरूप के
दर्शन की आकांक्षा रखता। ११.५२

नहीं वेद से, नहीं तपस् से
नहीं दान, यज्ञों के द्वारा

दर्शन-योग्य रूप मेरा यह
देख लिया है जिसको तुमने। ११.५३

मेरे इस स्वरूप का अर्जुन!
दर्शन, ज्ञान तत्त्वत: संभव
तथा शक्य उसमें प्रवेश भी
मात्र अनन्य-भक्ति के द्वारा। ११.५४

जान मुझे सर्वोच्च, कर्मरत जो मेरे हित
करता मेरी भक्ति छोड़ आसक्ति-भाव को
रहता जो निर्वैर सभी जीवों के प्रति भी
मेरे पास पहुँच जाता वह पांडु-पुत्र हे! ११.५५

□

## बारहवाँ अध्याय

# भक्तियोग

**अर्जुन**

इस प्रकार जो भक्त आपकी
करते हैं अविरत उपासना
या अक्षर की जो न व्यक्त है,
इनमें उत्तम कौन योगविद्? १२.१

**श्रीभगवान**

मुझमें मन को लगा नित्य रत
करते जो मेरी उपासना
अतिशय श्रद्धायुक्त हृदय से
परम योगविद् उन्हें मानता। १२.२

वश में कर इंद्रिय-समूह को
अपनाकर समबुद्धि सब जगह
अनिर्देश्य, अव्यक्त, सर्वगत
अति अचिंत्य, कूटस्थ, अचल, ध्रुव
अविनाशी उस परम तत्त्व की
करते जो अविरत उपासना
सर्वभूत-कल्याण-निरत वे
मेरे पास पहुँचते अर्जुन! १२.३-४

क्लेश अधिक होता है उनको
जिनका मन अमूर्त में रत है
देहधरों की कठिनाई से
गति होती अव्यक्त तत्त्व में। १२.५

सभी कर्म मुझको अर्पित कर
प्रेमयुक्त मेरे प्रति रहते
करते जो अनन्य निष्ठा से
ध्यान सहित मेरी उपासना। १२.६

मृत्यु-रूप संसार-जलधि से
करता हूँ उद्धार निरंतर
उनका मैं अविलंब पार्थ हे!
क्योंकि लगा मुझमें उनका मन। १२.७

मुझमें ही मन सतत लगाओ
बुद्धि-निवेश करो मुझमें ही
वास तुम्हारा मुझमें होगा
इसके बाद, न संशय कोई। १२.८

अगर चित्त को सुस्थिर करके
पार्थ! न मुझमें लगा सको तुम
तो अभ्यास-योग[१] के द्वारा
इच्छा करो मुझे पाने की। १२.९

यदि असमर्थ रहो उसमें भी
निरत रहो मेरे कर्मों में

---

१. बारंबार प्रयास से एकाग्रता की प्राप्ति

करते हुए कर्म मेरे हित
सिद्धि मिलेगी तुमको निश्चित। १२.१०

कर न सको यदि यह भी, मुझको
पाने का साधन अपनाकर
तो अपने को वश में करके
करो त्याग सब कर्म-फलों का। १२.११

ज्ञान श्रेष्ठ अभ्यास-योग से
तथा ज्ञान से ध्यान श्रेष्ठ है
कर्मफलों का त्याग ध्यान से,
क्योंकि त्याग से शांति सुलभ है। १२.१२

द्वेष न किसी भूत से जिसका
सखा सभी का, दयावान जो
ममता, अहंकार का त्यागी
क्षमावान, सम सुख-दुखों में। १२.१३

सतत तुष्ट जो आत्मसंयमी
दृढ़निश्चय से मुझे समर्पित
कर देता मन-बुद्धि, योगविद्
मेरा भक्त मुझे वह प्रिय है। १२.१४

जिससे लोक न कभी क्षुब्ध हो
और क्षुब्ध जो नहीं लोक से
हर्ष, क्रोध, भय के भावों से
जो विमुक्त वह प्रिय है मुझको। १२.१५

निराकांक्ष, निर्दोष, दक्ष जो
उदासीन औ' व्यथा-मुक्त भी
सभी काम्य कर्मों का त्यागी
मेरा भक्त मुझे अति प्रिय है। १२.१६

जिसे न हर्ष, न द्वेष सताए
जिसे न शोक, नहीं आकांक्षा
जो त्यागी शुभ और अशुभ का
भक्ति-युक्त वह प्रिय है मुझको। १२.१७

मित्र-शत्रु के प्रति समान जो
सदृश मान-अपमान काल में
शीत-ताप में, सुख-दुखों में
जो समान, आसक्ति-मुक्त जो। १२.१८

निंदा-स्तुति में तुल्य, मौनयुत
तुष्ट रहे जिस किसी वस्तु से
गृह-विहीन जो, स्थिर मति वाला
भक्ति-युक्त वह नर मुझको प्रिय। १२.१९

इस प्रकार इस धर्मामृत का
सेवन करता जो श्रद्धायुत
मुझे मानकर लक्ष्य उच्चतम
भक्त मुझे वह अतिशय प्रिय है। १२.२०

□

## तेरहवाँ अध्याय

# क्षेत्र एवं क्षेत्रज्ञ

**श्रीभगवान**

हे कुंती-सुत! यह शरीर ही
क्षेत्र नाम से कहा गया है
इसे जाननेवाले को ही
कहते हैं क्षेत्रज्ञ विज्ञ जन। १३.१

हे अर्जुन! इन सब क्षेत्रों में
जानो तुम क्षेत्रज्ञ मुझे ही
ज्ञान जो कि क्षेत्रज्ञ-क्षेत्र का
सच्चा ज्ञान मानता उसको। १३.२

जो यह क्षेत्र तथा जैसा है
जो विकार उसके, कारण जो
जो क्षेत्रज्ञ, शक्ति जो उसकी
सुनो वही संक्षिप्त रूप में। १३.३

ऋषियों ने बहुधा गाया है
पृथक् उसे बहुविध मंत्रों से
तथा तर्क-परिपुष्ट, सुनिश्चित
ब्रह्मसूत्र[1] के शब्दों द्वारा। १३.४

---

१. बादरायण द्वारा रचित वेदांत-दर्शन के सूत्र

महाभूत ये, अहंकार यह
बुद्धि तथा अव्यक्त प्रकृति भी
दस इंद्रियाँ, एक यह मन भी
ज्ञानेंद्रिय के पाँच विषय ये। १३.५

इच्छा, द्वेष तथा सुख-दुख भी
देह-पिंड, चेतना और धृति
अपने रूपों सहित क्षेत्र यह
कहा गया संक्षिप्त रीति से। १३.६

मान-शून्यता, दंभ-हीनता
क्षमाभाव, सारल्य, अहिंसा
गुरु-शुश्रूषा तथा शुद्धता
स्थैर्य, देह औ' मन का निग्रह। १३.७

अरुचि इंद्रियों के विषयों में
अहंकार का परित्याग भी
जन्म-मृत्यु के, जरा-व्याधि के
दुखों का, दोषों का चिंतन। १३.८

परित्याग आसक्ति, प्रीति का
पुत्र-स्त्री, घर-बार आदि में
प्रिय या अप्रिय के घटने पर
मानस का समभाव, संतुलन। १३.९

मेरे प्रति अनन्य निष्ठा से
अविचल भक्ति-भाव का पोषण
वास विजन एकांत स्थान में
उदासीनता जनसमूह से। १३.१०

नित्य मग्नता आत्मज्ञान में
वस्तु-बोध सब तत्त्वज्ञान से
यह सब ज्ञान कहा जाता है
औ' अज्ञान भिन्न जो इससे। १३.११

अब मैं ज्ञेय तुम्हें बतलाता
जिसे जानकर अमृत मिलेगा
आदि-रहित परब्रह्म नहीं वह
'सत्' या 'असत्' कहा जा सकता। १३.१२

सभी ओर हैं कर-पद उसके
नेत्र, शीष, मुख सभी ओर हैं
सभी ओर हैं श्रोत्र, लोक में
सबको आवृत कर वह स्थित है। १३.१३

इंद्रिय-विषयों का ज्ञाता वह
सभी इंद्रियों से विहीन है
वह असंग भी सब का पालक
निर्गुण, सर्वगुणों का भोक्ता। १३.१४

भूतों के बाहर, भीतर हैं
अचर तथा चर दोनों ही हैं
अविज्ञेय वह, क्योंकि सूक्ष्म है
वह दूरस्थ, निकट भी रहता। १३.१५

निर्विभाग भी वह भूतों में
रहता है विभक्त सा होकर
भूतों का पालक, संहारक
औ' उद्भावक ज्ञेय तत्त्व वह। १३.१६

सभी प्रकाशों का प्रकाश वह
परे तमस् से कहा गया है
ज्ञान, ज्ञेय वह, ज्ञान-गम्य भी
बसा हुआ सबके हृदयों में। १३.१७

इस प्रकार मैंने बतलाए
क्षेत्र, ज्ञान औ' ज्ञेय सूक्ष्मत:
मेरा भक्त जान इन सबको
पा जाता मेरे स्वरूप को। १३.१८

प्रकृति, पुरुष दोनों तत्त्वों को
जानो तुम आरंभ-रहित ही
सभी विकारों तथा गुणों को
समझो बस उद्भूत प्रकृति से। १३.१९

कार्य-करण[१] के कर्तृभाव[२] में
कही गई है हेतु प्रकृति ही
सुख-दुखों के भोक्तृभाव[३] में
हेतु पुरुष को कहा गया है। १३.२०

प्रकृति-स्थित यह पुरुष भोगता
सभी प्रकृति-उत्पन्न गुणों को
गुणासक्ति ही कारण इसके
अच्छे-बुरे सभी जन्मों का। १३.२१

---

१. देह व इंद्रियाँ अथवा प्रकृति से सृष्टि-प्रक्रिया में उत्पन्न होनेवाले कार्य व करण (साधन) रूप विभिन्न तत्त्व, २. कर्तापन या सृजन, ३. भोक्तापन या उपभोग

साक्षी, अनुमति देनेवाला
पालक, भोक्ता तथा महेश्वर
औ' परमात्मा कहा गया है
देह-निवासी यह परमेश्वर। १३.२२

इस विधि से जानता पुरुष को
तथा प्रकृति को गुणों सहित जो
सभी तरह व्यवहार-निरत भी
नहीं पुनः बंधन में पड़ता। १३.२३

ध्यानमार्ग से कुछ अपने में
अपने को ही स्वयं देखते
ज्ञानमार्ग से अन्य लोग कुछ
तथा अन्य कुछ कर्ममार्ग से। १३.२४

यह न जानकर, कुछ औरों से
सुनकर उसका ध्यान लगाते
केवल श्रवण-परायण भी वे
हो जाते हैं पार मृत्यु के। १३.२५

स्थावर या जंगम कोई भी
वस्तु यहाँ जो पैदा होती
बस नाता क्षेत्रज्ञ-क्षेत्र का
उसका हेतु, जान लो अर्जुन! १३.२६

सब भूतों में तुल्य अवस्थित
नाश-काल में भी अविनश्वर
परमेश्वर को देख रहा जो
वही एक सच्चा द्रष्टा है। १३.२७

सदृश भाव से समवस्थित जो
ईश्वर को सर्वत्र देखता
पीड़ित करता नहीं स्वयं को
पाता वह सर्वोत्तम गति को। १३.२८

देख रहा जो स्वयं प्रकृति के
द्वारा ही सब कर्म हो रहे
तथा अकर्ता यह आत्मा है,
सचमुच वही तत्त्वदर्शी है। १३.२९

जो नर पृथक्-पृथक् भूतों को
ईश्वर में एकस्थ देखता
औ' विस्तार वहीं से उनका,
वह हो जाता ब्रह्म स्वयं ही। १३.३०

परमात्मा यह निर्विकार है
यह अनादि है, निर्गुण भी है
अत: पार्थ यह देह-स्थित भी
कुछ न कर रहा, लिप्त न होता। १३.३१

जैसे व्योम सर्वव्यापी यह
लिप्त न होता, क्योंकि सूक्ष्म है
उसी तरह से यह आत्मा भी
किसी देह में लिप्त न होता। १३.३२

जैसे एक सूर्य भी ज्योतित
कर देता इस निखिल-लोक को
उसी तरह क्षेत्रज्ञ प्रकाशित
करता निखिल क्षेत्र को भारत! १३.३३

यों अंतर क्षेत्रज्ञ-क्षेत्र का
तथा मुक्ति इस भौतिक जग से
जिन्हें विदित है ज्ञान-चक्षु से
वे पा जाते परम तत्त्व को। १३.३४

□

## चौदहवाँ अध्याय

# त्रिविध गुण

**श्रीभगवान**

पुनः तुम्हें बतलाऊँगा मैं
उच्च ज्ञान, ज्ञानों में उत्तम
जिसे प्राप्त कर छूट यहाँ से
परम सिद्धि पाई मुनियों ने। १४.१

आश्रय लेकर इसी ज्ञान का
मेरे तुल्य गुणों को पाकर
सृष्टि-काल में भी न जनमते
व्यथित न होते लोग प्रलय में। १४.२

प्रकृति योनि है मेरी जिसमें
गर्भाधान किया करता हूँ
आविर्भाव सभी जीवों का
होता है उससे ही अर्जुन! १४.३

सभी योनियों में कुंती-सुत!
जो-जो रूप जन्म लेते हैं
प्रकृति योनि है उन सबकी ही
मैं हूँ पिता, बीज बोता हूँ। १४.४

सत्त्व, रजस् औ' तमस् नाम के
प्रकृतिजात ये गुण तीनों ही
महाबाहु! अव्यय आत्मा को
करते बद्ध देह के भीतर। १४.५

इन तीनों में विमल सत्त्व गुण
ज्ञान-प्रकाश, स्वास्थ्य देता है
किंतु बाँधता वह आत्मा को
अनघ! ज्ञान, सुख के लगाव से। १४.६

राग-रूप तू जान रजस् को
तृष्णासक्ति इसे उपजाती
कुंती-पुत्र! बाँधता नर को
कर्मलिप्तता के द्वारा वह। १४.७

जान तमस् को तू अज्ञानज
भरमाता जो सब जीवों को
वह प्रमाद, आलस, निद्रा से
उन्हें बाँध लेता है अर्जुन! १४.८

सत्त्व रमाता नर को सुख में
रजस् कर्म में, हे कुंती-सुत!
तमस् ज्ञान को आच्छादित कर
उसे रमाता है प्रमाद में। १४.९

पार्थ! सत्त्व पैदा होता है
रजस्-तमस् का अभिभव करके
रजस् दबाकर सत्त्व-तमस् को,
तथा तमस् भी सत्त्व-रजस् को। १४.१०

इस शरीर के सब द्वारों में
जब उजास पैदा हो जाए
बोध-शक्ति भी, तब समझो तुम
हुई सत्त्व गुण की बढ़ोतरी। १४.११

लोभ, उद्यमी वृत्ति, व्यस्तता
कर्मों में, अशांति, अभिलाषा
भरत-श्रेष्ठ! ये सभी उभरते
जब होती अभिवृद्धि रजस् की। १४.१२

अंधकार, उद्यम-विहीनता
अनवधानता तथा मोह भी
हे कुरुनंदन! ये बढ़ जाते
हो जाता जब प्रबल तमोगुण। १४.१३

जब शरीरधारी मरता है
सत्त्व प्रबल होने की स्थिति में
तब वह उत्तम तत्त्वविदों के
निर्मल लोकों में जाता है। १४.१४

रजस् दशा में मृत्यु प्राप्त कर
कर्मासक्त जनों में जाता
तथा तमोगुण में मरकर वह
लेता जन्म मूढ़ जीवों में। १४.१५

पुण्यकर्म का फल ज्ञानी जन
बतलाते हैं सात्त्विक, निर्मल
दुख रजोगुण का फल होता
औ' अज्ञान तमोगुण का फल। १४.१६

उपजाता है सत्त्व ज्ञान को
और रजोगुण लोभ-वृत्ति को
तथा तमस् से पैदा होते
अनवधानता, मोह, अज्ञता। १४.१७

सत्त्व-प्रधान स्वर्ग में जाते,
राजस पृथ्वी पर टिकते हैं
जिनके गुण, व्यवहार अधम वे
तामस जन नीचे गिरते हैं। १४.१८

गुण ही कर्ता, अन्य न कोई
जब द्रष्टा यह बात समझता
कर के ज्ञान गुणों से पर का
वह मेरा स्वरूप पा जाता। १४.१९

देह-जनक इन तीन गुणों को
कर अतिक्रांत देहधारी यह
जन्म, मृत्यु, वार्धक्य कष्ट से
मुक्ति प्राप्त कर अमृत भोगता। १४.२०

**अर्जुन**
मुझे बताएँ किन चिह्नों से
गुणातीत होता वह प्रभुवर!
रंग-ढंग क्या उसका, कैसे
इन त्रिगुणों के पार पहुँचता। १४.२१

**श्रीभगवान**
पांडुपुत्र! वह जब प्रकाश के
औ' प्रवृत्ति के तथा मोह के

आने पर विद्वेष न करता
जाने पर उनकी आकांक्षा। १४.२२

उदासीन की तरह बैठकर
विचलित नहीं गुणों से होता
'गुण ये अपना काम कर रहे'
सोच डटा रहता, न डोलता। १४.२३

जो आत्मस्थ, तुल्य सुख-दुख में
मिट्टी, पत्थर, स्वर्ण जिसे सम
प्रिय औ' अप्रिय, निंदा-संस्तुति
जिसे तुल्य हैं, धैर्यवान जो। १४.२४

तुल्य रहे मानापमान में
मित्र-शत्रु में भेद न देखे
सब सकाम कर्मों का त्यागी
गुणातीत वह कहा गया है। १४.२५

जो अनन्य निष्ठा से मुझको
भक्तियोग द्वारा भजता है
वह अतिक्रमण गुणों का करके
ब्रह्म-स्वरूप स्वयं हो जाता। १४.२६

जो अविनाशी अमृत ब्रह्म है
उसका मूलाधार स्वयं मैं
शाश्वत धर्म-तत्त्व का मैं ही
तथा पूर्ण आनंद-भाव का। १४.२७

□

## पंद्रहवाँ अध्याय

# पुरुषोत्तम योग

**श्रीभगवान**

ऊपर जड़, शाखाएँ नीचे
कहा गया पीपल अविनाशी
वेद सभी जिसके पल्लव हैं,
जाने उसको वही वेदविद्। १५.१

नीचे-ऊपर पसर रही शाखाएँ उसकी
बढ़ी गुणों से, फूट रही विषयों की कोंपल
फैल रही हैं जड़ें बहुत सी निम्न भाग में
कर्मों से प्रतिफलित हुईं इस मर्त्यलोक में। १५.२

किंतु रूप मिलता न यहाँ पर उसका वैसा
आदि-अंत है नहीं, कहीं आधार नहीं है
गहराई से जड़ें जमाए इस पीपल को
अनासक्ति के तीक्ष्ण शस्त्र से छिन्न-भिन्न कर। १५.३

'शरणागत मैं आदिभूत बस उसी पुरुष का
चली जहाँ से सृष्टि पुरानी' यह निश्चय कर
उसी परम पद का आगे संधान उचित है
जहाँ पहुँचकर नहीं लौटता कोई फिर से। १५.४

मान-मोह को छोड़ जिन्होंने जीत लिये आसक्ति-दोष सब
इच्छाओं से विमुख, नित्य जो रमते हैं अध्यात्म-ज्ञान में
सुख-दुख हम कहते हैं जिनको उन द्वंद्वों से मुक्त हुए जो
मोह-मुक्त वे ज्ञानी नर सब पाते उस अविनश्वर पद को। १५.५

जिसे न सूर्य प्रकाशित करता
नहीं चंद्रमा, नहीं अग्नि भी
पुनरागमन न जहाँ पहुँचकर
वह सर्वोच्च धाम है मेरा। १५.६

मेरा ही यह अंश बना है
जीव-लोक में जीव सनातन
वही प्रकृतिगत पंच इंद्रियों,
मन को अपनी ओर खींचता। १५.७

ईश[1] देह धारण करता जब
या कि देह को छोड़ निकलता
इन्हें साथ ले जाता, जैसे
गंध-कोष से वायु गंध को। १५.८

कानों, आँखों और त्वचा का
रसनेंद्रिय का तथा घ्राण का
मन का भी अवलंबन करके
विषयों का सेवन करता वह। १५.९

देह छोड़ते, उसमें रहते
या कि भोगते भोग, गुणान्वित

---

१. जीवात्मा

उसे न मूढ़ देख पाते हैं
किंतु देखते ज्ञानचक्षुयुत। १५.१०

करते हुए यत्न योगी जन
आत्म-अवस्थित उसे देखते
किंतु असंस्कृत, अज्ञानी जन
यत्नशील भी देख न पाते।। १५.११

तेज सूर्य में रहनेवाला
सब जग को जो भासित करता
तथा तेज जो चंद्र, अग्नि में
उसे जान तू बस मेरा ही। १५.१२

आत्म-तेज से धारण करता
मैं भूतों को भूमि-व्याप्त हो
बनकर चंद्र अमृतमय, सारी
औषधियों का पोषण करता। १५.१३

सब जीवों के तन में आश्रित
जठर-अग्नि 'वैश्वानर' बन मैं
प्राण-अपान वायु से युत हो
अन्न पचाता चार तरह के। १५.१४

मैं सबके ही हृदय-देश में सन्निविष्ट हूँ
मुझसे ही सब स्मरण, ज्ञान, उनका विलोप भी
सब वेदों का परम ज्ञेय हूँ एक मात्र मैं
हूँ वेदांत-रचयिता मैं ही, वेद-विज्ञ भी। १५.१५

क्षर या अक्षर बस ये दो ही
पुरुषलोक में यहाँ सुलभ हैं
सभी भूत ये क्षर हैं, अक्षर
वह कूटस्थ कहा जाता है। १५.१६

इनसे उत्तम एक अन्य है
पुरुष, कहाता जो परमात्मा
होकर व्याप्त त्रिलोकी में वह
उसे पालता अविनाशी प्रभु। १५.१७

क्योंकि परे रहता मैं क्षर से
औ' उत्तम हूँ अक्षर से भी
अत: लोक में तथा वेद में
पुरुषों में उत्तम प्रसिद्ध हूँ। १५.१८

इस प्रकार जो मोह-मुक्त हो
मुझे जान लेता 'पुरुषोत्तम'
वह सर्वज्ञ मुझे भजता है
सब प्रकार से भरतवंशसुत! १५.१९

हे निष्पाप! बताया मैंने
इस प्रकार यह शास्त्र गूढ़तम
जिसे जानकर हो सकता नर
बुद्धिमान, कृतकृत्य पार्थ हे! १५.२०

□

सोलहवाँ अध्याय

# दैवी और आसुरी संपद्

**श्रीभगवान**

निर्भयता, मन की निर्मलता
ज्ञान, कर्म का उचित विभाजन
दान, इंद्रियों का निग्रह, तप
यज्ञ तथा स्वाध्याय, सरलता। १६.१

सत्य, अहिंसा, क्रोधहीनता,
त्याग, शांति, परदोष-अचर्चा
भूतदया औ' लोभशून्यता
मृदुता, लोक-लाज, अचपलता। १६.२

तेज, दया, धीरज, विशुद्धता
द्रोह-त्याग, अति गर्वहीनता
ये गुण हैं उसके जो अर्जुन!
दैवी संपद् लेकर जनमा। १६.३

दंभ, दर्प, अभिमान अत्यधिक
क्रोध, रूक्षता तथा अज्ञता
ये विशेषताएँ उसकी जो
जनमा ले आसुरी संपदा। १६.४

दैवी संपद् मोक्षदायिनी
तथा आसुरी बंधकारिणी
पांडु-पुत्र! चिंता न करो तुम
जनमे लेकर दैवी संपद्। १६.५

मानव-सृष्टि द्विविध इस जग में
दैवी प्रथम, आसुरी दूजी
सविस्तार पहली बतलाई
अब तुम सुनो दूसरी अर्जुन! १६.६

असुर प्रकृतिवाले न जानते
कर्म तथा संन्यास-मार्ग को
शुचिता, सद्-आचरण न उनमें
नहीं सत्य भी रहता उनमें। १६.७

वे कहते हैं जग असत्य है
निराधार है, ईश-रहित है
जनमा यह न किसी कारण से
मात्र कामना-जन्य और क्या? १६.८

इसी दृष्टि को अपनाकर वे
पतित-हृदय संकुचित-बुद्धि जन
हिंसक-कर्म-निरत हो करते
नाश जगत् का शत्रुभाव से। १६.९

अनबुझ इच्छाओं से प्रेरित
दंभ, दर्प, मद से पूरित वे
लेकर मिथ्या-दृष्टि मोहवश
करते कार्य अशुभ निश्चय से। १६.१०

डूबे रहते मृत्यु-काल तक
अपरिमेय चिंताओं में वे
काम-तृप्ति सर्वोच्च लक्ष्य है
'सब कुछ यही' मानते हैं वे। १६.११

आशा के शत-शत पाशों से
बँधकर, काम-क्रोध में तत्पर
करते इच्छित भोग हेतु वे
अति अनीति से धन का संचय। १६.१२

आज पा लिया मैंने यह, कल
पा लूँगा मैं उस अभीष्ट को
यह तो है, फिर आगे चलकर
होगा वह धन भी मेरा ही। १६.१३

मार दिया मैंने इस रिपु को
मारूँगा अब औरों को भी
मैं सबका प्रभु, मैं भोगी हूँ
सफल तथा बलवान, सुखी मैं। १६.१४

धनी, उच्च-कुल का जाया मैं
अन्य कौन होगा मुझ जैसा
यज्ञ, दान कर मौज करूँगा
इस प्रकार अज्ञान-विमोहित
मन में लेकर भ्रम अनेकविध
मोहजाल से आच्छादित वे
इच्छित भोगों से चिपटे रह
गिरते जाकर घोर नरक में। १६.१५-१६

बड़ा समझ अपने को, निष्ठुर
वे धन-मान-गर्व से पूरित
नाम-मात्र को यज्ञ रचाते
विधि को छोड़ दिखावे भर को। १६.१७

अहंकार, बल और दर्प का,
काम-क्रोध का आश्रय लेकर
ईर्ष्या से भर द्वेष पालते
सबके देह-निवासी मुझसे। १६.१८

क्रूर और विद्वेषी उन सब
अधम, दुष्ट लोगों को अविरत
फिंकवाता आसुरी योनि में
जन्म-मरण भोगें जिससे वे। १६.१९

पाकर वे आसुरी योनियाँ
जन्म-जन्म में अज्ञानी जन
मेरी प्राप्ति बिना कुंती-सुत!
जा गिरते हैं अधम दशा में। १६.२०

तीन तरह के द्वार नरक के
हैं ये आत्म-पतन के कारण
काम-क्रोध ये तथा लोभ भी
अतः त्याज्य हैं ये तीनों ही। १६.२१

हे कुंती-सुत! तमोरूप इन
तीनों द्वारों से विमुक्त नर
लगकर निज कल्याण-कर्म में
पा जाता सर्वोत्तम गति को। १६.२२

छोड़ शास्त्र-प्रतिपादित विधि को
जो नर स्वेच्छाचार-निरत है
उसे न मिलती कभी सफलता
सुख भी औ' सर्वोत्तम गति भी। १६.२३

अत: शास्त्र ही एक कसौटी
अनुचित-उचित कार्य-निर्णय में
जान कर्म शास्त्रोक्त उसे तुम
करो क्रियान्वित, यही उचित है। १६.२४

□

## सत्रहवाँ अध्याय

# श्रद्धा के तीन रूप

**अर्जुन**

छोड़ शास्त्र की विधि को जो नर
श्रद्धा से पूजा करते हैं
कृष्ण! कौन सी निष्ठा[१] उनकी
सात्त्विक, राजस या कि तामसिक? १७.१

**श्रीभगवान**

देहधारियों की वह श्रद्धा
है स्वभाव-अनुसार त्रिविध ही-
सात्त्विक, राजस और तामसिक
सुनो, वही अब बतलाता हूँ। १७.२

मन के ही अनुरूप सभी की
होती है श्रद्धा हे अर्जुन!
श्रद्धामय यह पुरुष, जान लो
जैसी श्रद्धा वैसा ही वह। १७.३

सात्त्विक जन देवों की पूजा
यक्ष-राक्षसों की राजस जन

---

१. स्थिति

तथा तामसिक जन करते हैं
प्रेतों की औ' भूतगणों की। १७.४

जो नर घोर तपस्या करते
छोड़ विचार शास्त्र की विधि का
ढोंग-दिखावे, अहंकार से
काम, लालसा, बल से पूरित
अज्ञानी वे सुखा रहे हैं
शरीरस्थ भौतिक तत्त्वों को
अंतर्वासी मुझको भी वे,
जान उन्हें आसुर स्वभाव का। १७.५-६

इसी तरह आहार त्रिविध ही
प्रिय लगते हैं सभी जनों को
यज्ञ, दान, तप भी त्रिरूप ही
उनके भेद सुनो अब मुझसे। १७.७

आयु, प्राणबल, शक्ति, स्वस्थता
सुख, आनंद बढ़ानेवाला
सरस, स्निग्ध, पोषक, रुचिकर जो
भोजन वह प्रिय सात्त्विक जन को। १७.८

कड़ुवा, खट्टा, उष्ण, सलोना
तीखा, रूखा, अतिशय दाहक
दुख, शोक, रोगों का कारक
भोजन राजस लोगों को प्रिय। १७.९

आधा पका, स्वाद से रीता
सड़ा-गला, बासी भी जो हो

जूठा औ' दुर्गंध-युक्त जो
भोजन प्रिय तामस लोगों को। १७.१०

छोड़ फलों की आकांक्षा जो
यज्ञ किया जाता विधिपूर्वक
'यही धर्म' मन में निश्चय कर
यज्ञ कहाता है वह सात्त्विक। १७.११

फल की आकांक्षा मन में ले
या कि दिखावा भर करने को
भरतश्रेष्ठ! किया जाता जो
जान उसे तू यज्ञ राजसिक। १७.१२

विधि से, अन्न-दान से रीता
मंत्रहीन, दक्षिणा-रहित भी
श्रद्धा से भी शून्य यज्ञ जो
वही कहा जाता है तामस। १७.१३

देव, विप्र, गुरु, विद्वानों का
पूजन, शुचिता और सरलता
ब्रह्मचर्य-व्रत तथा अहिंसा
यह शारीरिक तप कहलाता। १७.१४

वचन सत्य, प्रिय, हितकारी जो
नहीं किसी को दुख पहुँचाए
तथा सतत स्वाध्याय, पठन भी
वाणी का तप कहा गया है। १७.१५

मन की निर्मल दशा, सौम्यता
वाणी-संयम, आत्म-नियंत्रण
तथा हृदय की पूर्ण शुद्धता
कहा गया है यह मानस तप। १७.१६

छोड़ सकल आकांक्षा फल की
योगसिद्ध लोगों के द्वारा
किया गया पूरी श्रद्धा से
तप यह त्रिविध कहाता सात्त्विक। १७.१७

पाने को सत्कार, मान, यश
या कि दंभवश किया गया जो
तप वह राजस कहा गया है,
फल उसका बस क्षणिक, अनिश्चित। १७.१८

बुद्धिहीन हठ के कारण जो
सता स्वयं को किया गया हो
अहित दूसरों का करने को
वह तामस तप कहा गया है। १७.१९

'दान धर्म है' इसी भाव से
प्रतिफल की कामना त्याग कर
देश, काल में योग्य पात्र को
दिया दान सात्त्विक कहलाता। १७.२०

बदले में कुछ पाने को या
अन्य किसी फल के लालच में
कष्ट सहित जो किया गया हो
दान कहा जाता वह राजस। १७.२१

देश-काल का ध्यान न रखकर
जो अपात्र को दिया गया हो
आदर बिना, अवज्ञापूर्वक
तामस दान कहा जाता वह। १७.२२

'ओम् तत्सत्' यह त्रिविध शब्दमय
कहलाता संकेत ब्रह्म का
रचा ब्राह्मणों को, वेदों को,
यज्ञों को उसने अतीत में। १७.२३

इसीलिए शास्त्रोक्त रीति से
यज्ञ, दान, तप आादि क्रियाएँ
ब्रह्मवादियों[1] की चलती हैं
'ओम्' शब्द को सतत बोलकर। १७.२४

इसी तरह 'तत्' शब्द बोलकर
सभी मोक्षकामी जन करते
यज्ञ, दान, तप त्रिविध क्रियाएँ
फल पाने का लक्ष्य न रखकर। १७.२५

वस्तु-सत्य या श्रेष्ठ दशा को
बतलाता 'सत्' का प्रयोग यह
उत्तम श्लाघ्य कर्म भी अर्जुन!
इसके द्वारा कहा गया है। १७.२६

यज्ञ, दान, तप के विधान में
दृढ़निष्ठा भी 'सत्' कहलाती

---

१. वेद का अध्ययन-अध्यापन करनेवाले विद्वान

कर्म इन्हीं के लिए किया जो
वह भी 'सत्' ही कहा गया है। १७.२७

हवन, दान, तप किया गया जो
श्रद्धा बिना और भी जो कुछ
पार्थ! असद् वह कहा गया है
शुभ न लोक, परलोक कहीं भी। १७.२८

□

## अठारहवाँ अध्याय

# मोक्ष एवं संन्यास

**अर्जुन**

महाबाहु! इच्छुक हूँ जानूँ
मैं संन्यास, त्याग दोनों को
तत्त्व रूप में पृथक्-पृथक् कर
हृषीकेश! केशी[1] के घातक! १८.१

**श्रीभगवान**

जो यह त्याग काम्य कर्मों का
वही त्याग है—विज्ञ जानते
'परित्याग सब कर्मफलों का
सच्चा त्याग' मानते ज्ञानी। १८.२

दोष-तुल्य ही कर्म त्याज्य हैं
बता रहे हैं कई मनीषी
अन्य मानते त्याज्य नहीं है
यज्ञ, दान, तप कर्म कभी भी। १८.३

भरतश्रेष्ठ! अब सुनो त्याग के
बारे में मत मेरा निश्चित

---

१. एक असुर जिसका कृष्ण ने वध किया था।

पुरुष-व्याघ्र! यह तीन तरह का
त्याग रहा है जग में चर्चित। १८.४

यज्ञ, दान, तप रूप कर्म यह
त्याज्य नहीं, करणीय सदा ही
मनीषियों को पावन करते
यज्ञ, दान, तप ये तीनों ही। १८.५

किंतु करे इन कर्मों को नर
छोड़ सकल आसक्ति फलों की
पार्थ! यही है मेरा निश्चित
औ' अंतिम मत इस बारे में। १८.६

नियत कर्म का परित्याग तो
उचित नहीं है किसी तरह भी
उसका त्याग मोह के कारण
तामस त्याग कहा जाता है। १८.७

'दुख-रूप है कर्म' सोचकर
काय-कष्ट या भय के कारण
उसे छोड़ दे, राजस त्यागी
वह न त्याग का फल पाता है। १८.८

हे अर्जुन! कर्तव्य समझकर
नियत कर्म जो किया जा रहा
छोड़ सकल आसक्ति तथा फल
सात्त्विक माना गया त्याग वह। १८.९

द्वेष-रहित अप्रिय कर्मों में,
प्रिय कर्मों में जो अलिप्त है
संशयहीन, सत्त्वगुण-पूरित
बुद्धिमान वह सच्चा त्यागी। १८.१०

संभव नहीं देहधारी यह
करे पूर्णत: त्याग कर्म का
अत: कर्मफल का त्यागी जो
त्यागी वही कहा जाता है। १८.११

अप्रिय, प्रिय औ' मिश्र त्रिविध ये
कर्मों के फल मृत्यु-अनंतर
मिलते उन्हें नहीं जो त्यागी,
पर न कभी त्यागी लोगों को। १८.१२

सब कर्मों के सिद्धि हेतु ये
कारण पाँच जान लो मुझसे
महाबाहु ! जो पुराकाल में
सांख्य-शास्त्र में कहे गए हैं। १८.१३

अधिष्ठान[१], कर्ता कर्मों का
औ' साधन जो कई तरह के
पृथक्-पृथक् चेष्टाएँ बहुविध
तथा पाँचवाँ यहाँ दैव भी। १८.१४

तन, मन और वचन तीनों से
करता नर प्रारंभ कर्म जो

१. कर्म का आश्रय या आधार, संभवत: शरीर

उचित या कि अनुचित हो चाहे
उसके पाँच हेतु ये रहते। १८.१५

ऐसे में केवल अपने को
समझ रहा कर्ता जो कोई
अपनी विकृत-बुद्धि के कारण
बुद्धिहीन वह, दृष्टिहीन भी। १८.१६

अहंभाव जिसमें न तनिक भी
बुद्धि न जिसकी कहीं लिप्त है।
निखिल जनों का वध करके भी
वह न मारता, बद्ध न होता। १८.१७

ज्ञान, ज्ञेय तथा ज्ञाता भी
यह त्रिरूप है कर्म-प्रेरणा[1]
करण, कर्म औ' कर्ता मिलकर
त्रिविध कर्म-संग्रह[2] कहलाता। १८.१८

ज्ञान, कर्म औ' कर्ता तीनों
सांख्य-शास्त्र में कहे गए हैं
तीन-तीन ही, गुण-विभेद से
उन्हें सुनो अब ठीक तरह से। १८.१९

जिसके कारण भिन्न-भिन्न भी
भूतों में अविभक्त दीखता
अविनाशी अस्तित्व एक ही
समझ ज्ञान उसको तू सात्त्विक। १८.२०

---

१. कर्म के मानसिक प्रेरक तत्त्व, २. कर्म के मुख्य व्यावहारिक अंगों की समष्टि

पृथक्-पृथक् इन सब भूतों में
पृथक् रूपवाले ही नाना
अस्तित्वों का बोध कराता
राजस ज्ञान उसे तुम जानो। १८.२१

एक कार्य से बँधा रहे जो
मानो हो संपूर्ण वही बस
हेतु-रहित, तत्त्वार्थ-शून्य वह
अल्प ज्ञान तामस कहलाता। १८.२२

नियत तथा आसक्ति-रहित जो
राग-द्वेष के बिना अनुष्ठित
फल की सब कामना त्यागकर
कर्म कहाता है वह सात्त्विक। १८.२३

फल पाने के इच्छुक अथवा
किसी अहंकारी नर द्वारा
किया गया जो बहु प्रयास से
कर्म कहा जाता वह राजस। १८.२४

जो परिणाम, हानि, हिंसा या
क्षमता की परवाह न करके
किया गया अज्ञान मात्र से
कर्म कहाता है वह तामस। १८.२५

अनासक्त, अभिमान-मुक्त जो
धैर्यवान, उत्साह-समन्वित
सफल-विफल भी निर्विकार जो
कहा गया वह सात्त्विक कर्ता। १८.२६

रागाकृष्ट, कर्मफल-कामी
लोभी, हिंसाशील, अपावन
हर्ष-शोक से ग्रसित रहे जो
वह कर्ता राजस कहलाता। १८.२७

अस्थिर-बुद्धि, असंस्कृत, गर्वी
दुष्ट, जीविका-चोर, आलसी
सदा उदास, दीर्घसूत्री जो
कहा गया वह तामस कर्ता। १८.२८

भेद बुद्धि के औ' धृति के भी
गुण-आधारित त्रिविध सुनो अब
जिन्हें बताता मैं समग्र ही
अलग-अलग कर तुम्हें धनंजय! १८.२९

जो प्रवृत्ति को औ' निवृत्ति को
कार्य-अकार्य, अभय-भय को भी
तथा जान ले बंध-मोक्ष को
पार्थ! बुद्धि वह सात्त्विक ही है। १८.३०

क्या है धर्म तथा अधर्म क्या,
कार्य किसे कहते, अकार्य क्या?
भलीभाँति जो समझ न पाए
पार्थ! बुद्धि कहलाती राजस। १८.३१

जो अधर्म को धर्म, समझती
सभी वस्तुओं को उलटा ही
सदा तमोगुण से आच्छादित
अर्जुन! वह तामसी बुद्धि है। १८.३२

जिस निश्चल धृति के द्वारा नर
मनस्, प्राण, इंद्रिय-कर्मों को
धारण करता आत्मनिष्ठ हो
हे अर्जुन! वह सात्त्विक धृति है। १८.३३

कुंती-सुत! जिस धृति से मानव
तीव्ररागवश फलकामी हो
धर्म-अर्थ को तथा काम को
धारण करता, वह राजस है। १८.३४

बुद्धिहीन नर जिसके कारण
नहीं छोड़ता नींद, शोक, भय
दुख तथा अभिमान भाव को
धृति वह पार्थ! कहाती तामस। १८.३५

भरतश्रेष्ठ! अब सुन लो मुझसे
तुम सुख के ये तीन रूप भी
कर अभ्यास जहाँ रमता नर
तथा पार कर लेता दुख को। १८.३६

विष जैसा जो लगे आदि में
पर परिणाम अमृत सा जिसका
आत्मनिष्ठ, निष्कलुष बुद्धि से
जनमा वह सुख सात्त्विक ही है। १८.३७

विषयेंद्रिय के सम्मिश्रण से
अमृत-तुल्य जो लगे आदि में
किंतु अंत जिसका विष जैसा
वह सुख राजस कहा गया है। १८.३८

जो आरंभ, अंत दोनों में
मोहग्रस्त रखता आत्मा को
निद्रा, आलस औ' प्रमाद से
उपजा वह सुख तामस ही है। १८.३९

इस पृथ्वी पर या कि स्वर्ग में
अथवा फिर सब देवों में भी
सत्त्व[१] न कोई मुक्त रहे जो
प्रकृति-जन्य इन तीन गुणों से। १८.४०

ब्राह्मण, क्षत्रिय, वैश्य, शूद्र इन
सब वर्णों के कर्म स्पष्टतः
बँटे हुए हैं, रिपु-संतापक!
प्रकृति-प्रसूत गुणों के द्वारा। १८.४१

मन का शमन, दमन इंद्रिय का
तप, विशुद्धता, क्षमा, सरलता
आस्तिकता, विज्ञान-ज्ञान भी
ब्राह्मण के ये सहज कर्म हैं। १८.४२

शौर्य, तेज, धृति, कार्यदक्षता
रण में पीठ न कभी दिखाना
दान, भावना निज प्रभुत्व की
ये स्वाभाविक क्षात्र-कर्म हैं। १८.४३

कृषि, वाणिज्य तथा गो-रक्षण
वैश्य-कर्म हैं ये स्वाभाविक

---

१. अस्तित्ववान् पदार्थ

जो परिचर्या-रूप कार्य है
वह भी सहज कर्म शूद्रों का। १८.४४

सदा निरत अपने कर्मों में
नर पा जाता पूर्ण सिद्धि को
जिस प्रकार से वह स्वकर्म-रत
सिद्धि प्राप्त करता वह सुन लो। १८.४५

जिससे सृष्टि सभी भूतों की
व्याप्त हो रहा सब कुछ जिससे
उसकी पूजा कर स्वकर्म से
सिद्धि प्राप्त कर लेता मानव। १८.४६

अच्छा है स्वधर्म दुष्कर भी
औरों के अति सुकर धर्म से
प्रकृति-नियत कर्मों को कर के
नर न पाप-भागी होता है। १८.४७

हे कुंती-सुत! दोष-युक्त भी
सहज कर्म कोई न त्याज्य है
क्योंकि कर्म सब ढके हुए हैं
दोषों से ज्यों आग धुएँ से। १८.४८

बुद्धि न जिसकी कहीं लिप्त है
आत्मजयी, कामना-रहित वह
पा लेता संन्यास योग से
सर्वोत्तम नैष्कर्म्य-सिद्धि[१] को। १८.४९

---

१. निष्कर्मता की पूर्णता

सुनो पार्थ! संक्षिप्त रूप में
जिस प्रकार वह सिद्धि प्राप्त कर
पा जाता है ब्रह्म-तत्त्व को,
जो कि ज्ञान की परम अवस्था। १८.५०

अतिशय शुद्ध बुद्धि से युत हो
धृति द्वारा कर चित्त नियंत्रित
शब्द आदि विषयों को तजकर
तथा दूर कर राग-द्वेष को। १८.५१

निर्जन-वासी, मितभोजी बन
संयत हो मन-वचन-काय से
ध्यानयोग में नित्य निरत हो
आश्रय ले वैराग्य-भाव का। १८.५२

अहंकार, बल, दर्प, कामना
तथा सभी संपत्ति त्यागकर
ममता-मुक्त, शांत होकर वह
ब्रह्मरूपता पा लेता है। १८.५३

ब्रह्मरूप होकर निर्मल-मन
वह न शोक, आकांक्षा करता
सब भूतों के प्रति समान हो
मेरी परम-भक्ति पा लेता। १८.५४

लेता वह पहचान भक्ति से
मैं सचमुच जो हूँ, जितना हूँ
इस प्रकार वह जान तत्त्वतः
फिर मुझमें प्रवेश पा जाता। १८.५५

शरणागत होकर मेरा वह
करते हुए सभी कर्मों को
पा लेता मेरे प्रसाद से
अविनाशी उस शाश्वत पद को। १८.५६

सब कर्मों को मुझे सौंपकर
मेरे प्रति हो भक्ति-परायण
बुद्धियोग का आश्रय लेकर
मुझमें अविरत चित्त लगाओ। १८.५७

लगा चित्त, मेरे अनुग्रह से
पार करोगे सब कष्टों को
यदि न सुनोगे अहंकारवश
अध:पतन निश्चय ही होगा। १८.५८

अहंकार के कारण जो तुम
मान रहे हो नहीं लड़ूँगा
व्यर्थ तुम्हारा यह निश्चय है
प्रकृति करेगी तुम्हें नियोजित। १८.५९

कुंती-पुत्र! मोह के कारण
जिसे न चाह रहे तुम करना
निज स्वभाव से बद्ध, विवश हो
वही करोगे सहज कर्म से। १८.६०

हे अर्जुन! ईश्वर बसता है
सब भूतों के हृदय-देश में
यंत्रारूढ़[१] सभी भूतों को
भ्रमा रहा वह माया द्वारा। १८.६१

---

१. शरीर-रूपी यंत्र पर सवार

हे भारत! तुम सभी तरह से
शरण ग्रहण करलो उसकी ही
परम शांति को, शाश्वत पद को
पा लोगे उसके प्रसाद से। १८.६२

इस प्रकार जो तत्त्व बताया
मैंने तुमको गूढ़-गूढ़तर
पूर्णतया उस पर विचार कर
जैसा चाहो वही करो तुम। १८.६३

अब फिर सबसे अधिक गूढ़ यह
परम वचन मेरा तुम सुन लो
बहुत अधिक प्रिय हो मेरे तुम
अतः कहूँगा जो हितकर है। १८.६४

चित्त लगाओ मुझमें, मेरा
करो भजन, पूजन-वंदन भी
सचमुच तुम मुझको पा लोगे
देता वचन, मुझे तुम प्रिय हो। १८.६५

परित्याग कर सब कृत्यों का
शरण एक मेरी ही ले लो
करो न चिंता, सब पापों से
मुक्त करूँगा तुमको निश्चित। १८.६६

यह न बताना कभी उसे तुम
जो न तपस्वी, जो न भक्त है
और न जो सुनने का इच्छुक
मेरा निंदक, नहीं उसे भी। १८.६७

जो कोई इस गूढ़ ज्ञान को
खोलेगा मेरे भक्तों में
परम भक्ति मेरी करके वह
निःसंदेह मुझे पा लेगा। १८.६८

उससे बढ़कर यहाँ न कोई
मुझे मनुष्यों में अति प्रिय है।
आगे भी न धरा पर कोई
उससे अधिक मुझे प्रिय होगा। १८.६९

जो कोई हम दोनों का यह
धर्म-युक्त संवाद पढ़ेगा
ज्ञानयज्ञ से वह मुझको ही
पूजेगा, मैं यही मानता। १८.७०

ईर्ष्या-भाव छोड़, श्रद्धायुत
जो कोई नर इसे सुनेगा
होकर मुक्त पुण्यवानों के
शुभ लोकों को प्राप्त करेगा। १८.७१

पार्थ! कहा जो कुछ मैंने क्या
सुना उसे एकाग्रचित्त से?
छूटा क्या वह मोह धनंजय!
जो जनमा अज्ञान-तिमिर से? १८.७२

**अर्जुन**

मोह गया सब, स्मृति लौटी है
अच्युत! यह सब कृपा आपकी

संशय–मुक्त खड़ा हूँ सम्मुख
जो बोलोगे वही करूँगा। १८.७३

**संजय**

इस प्रकार श्रीवासुदेव का
औ' महान उस पृथा–पुत्र का
यह संवाद सुना मैंने जो
अद्‌भुत तथा लोमहर्षक है। १८.७४

कृपा व्यास की हुई कि मैंने
सुना योग अत्यंत गूढ़ यह
बोल रहे थे जबकि सामने
वे योगेश्वर कृष्ण स्वयं ही। १८.७५

हे राजन्! मैं बार–बार ही
यह अद्‌भुत संवाद याद कर
कृष्ण तथा अर्जुन का पावन
पुनः–पुनः हो रहा प्रहर्षित। १८.७६

तथा रूप हरि का वह अद्‌भुत
बार–बार स्मृति में आता है
हे राजन्! मैं अति विस्मित हूँ
पुनः–पुनः उत्फुल्ल हो रहा। १८.७७

योगेश्वर श्रीकृष्ण जहाँ हैं
तथा जहाँ हैं पार्थ धनुर्धर
मेरे मत में वहीं वास श्री,
विजय, समृद्धि, नीति का निश्चित। १८.७८

□

# शब्दार्थ-संग्रह

अक्षर — नष्ट न होनेवाला शाश्वत तत्त्व या परमात्मा, वर्णमाला के वर्ण, पावन ध्वनि ॐ

अगोचर — अप्रत्यक्ष, अदृश्य

अज — अजन्मा, जन्मरहित

अतीत — परे गया हुआ या बीता हुआ, भूतकाल

अद्वैत भाव — चराचर जगत् में एक ही तत्त्व की अनुभूति

अध्यात्मशास्त्र — आत्म-तत्त्व का विवेचन करनेवाला शास्त्र

अनिर्देश्य — जिसका निर्देश संभव न हो, अवर्णनीय

अभ्यासयोग — सतत अभ्यास में प्रवृत्त रहना

अव्यय — विकाररहित

अश्वत्थामा — आचार्य द्रोण का पुत्र

असत् — जिसका अस्तित्व न हो

असुरभाव — आसुरी स्वभाव या प्रवृत्ति

अहंकार — अहंभाव या सृष्टि-प्रक्रिया में प्रकृति के उत्पादों में से एक

आत्मपुरुष — चराचर पदार्थों में विद्यमान चेतन सत्ता जो व्यक्ति में विद्यमान चेतन सत्ता से अभिन्न है।

आद्य — प्रथम, मूलभूत

आनक — सैनिक नगाड़ा

आसुरी योनि — प्राणियों के पशु-पक्षी, कीट-पतंगे आदि रूप

आसुरी संपद् — आसुरी दुर्गुण व दुराचरण

इंद्रियार्थ — इंद्रियों के विषय

इक्ष्वाकु — मनु का ज्येष्ठ पुत्र

उत्तमौजा — पांचाल देश का एक राजकुमार, युधामन्यु का भाई

उद्भूत — उत्पन्न

ऊँ तत् सत् — क्रमशः ईश्वर की सर्वोच्चता, सर्वव्यापकता तथा सत्यता की सूचक अभिव्यक्ति औषध-वनस्पतियाँ, जड़ी-बूटियाँ

कपिल — प्राचीन काल के एक सिद्धि-प्राप्त मुनि

कवि शुक्र — असुरों का विद्वान पुरोहित शुक्राचार्य

कामधेनु — एक दिव्य गाय, जो समस्त कामनाओं को पूर्ण करनेवाली मानी गई है।

काम्य कर्म — किसी विशेष कामना से संपादित कर्म

कुंतिभोज — कुंती का भाई

कुबेर — यक्ष नामक देव जाति का अधिपति, जो धन का स्वामी माना गया है।

कूटस्थ — अपरिवर्तनशील, निर्विकार

कृपाचार्य — महर्षि शरद्वान् का पुत्र तथा आचार्य द्रोण का साला, जो स्वयं भी एक महान वीर था।

क्रतु — वेदों में वर्णित (श्रौत) यज्ञ अथवा कर्मकांड

कल्प — ब्रह्मा की आयु के सौ वर्ष के बराबर का काल

क्षेमकर — कल्याणकारी, श्रेयस्कर

गुणान्वित — सत्त्व, रजस् तथा तमस् गुणों से युक्त

गुणों से पर — गुणों के साथ संबंध से रहित

गुह्य — गोपनीय, गुप्त

गोमुख — एक प्रकार का वाद्य

घ्राणरंध्र — नासिका के छिद्र

चार पहले के — (गीता-१०.६) सृष्टि के आरंभ में उत्पन्न सनक आदि चार दिव्य भगवद्-भक्त

चार प्रकार के अन्न—(गीता-१५.१४) खाने, निगलने, चाटने तथा चूसने योग्य चतुर्विध आहार

चित्ररथ — गंधर्वों का राजा

चेकितान — यादव वंश में उत्पन्न एक महान योद्धा व पांडवों का एक सेनापति

जनक — उपनिषदों में वर्णित विदेह जनपद का राजा, जो महान कर्मयोगी था; सीता उन्हीं की पुत्री थीं।

जपयज्ञ — मन-ही-मन ईश्वर का नाम-स्मरण

ज्ञानतरी — ज्ञान रूपी नौका

तत्त्वार्थशून्य — यथार्थता से रहित

तृष्णासक्ति — लोभ व आसक्ति

त्रिगुण — सत्त्व, रजस् तथा तमस् नामक गुण

त्रिगुणातीत — तीन गुणों से परे गया हुआ

दंभहीनता — ढोंग या दिखावे का अभाव

दस इंद्रियाँ — पाँच ज्ञानेंद्रिय व पाँच कर्मेंद्रिय

दुष्कर — कठिनाई से करने योग्य

दैव — अदृष्ट या भाग्य

दैवी संपद् — दैवी गुण व सदाचार

द्रुपद — पांचाल देश का राजा, जिसकी पुत्री द्रौपदी पांडवों की पत्नी थी।

द्रुपद-पुत्र — धृष्टद्युम्न, जो पांडवों का प्रधान सेनापति था।

द्वंद्वसमास — समास का एक भेद, जिसमें प्रथम व द्वितीय दोनों शब्दों का अर्थ प्रधान रहता है।

धनंजय — अर्जुन का एक नाम

धृति — स्थिरता, दृढ़ संकल्प, धारण करने की शक्ति या धैर्य

धृष्टकेतु — चेदि देश के राजा शिशुपाल का पुत्र

नियत कर्म — अवश्य करने योग्य कर्म; वर्ण, आश्रम आदि के निर्धारित कर्तव्य

निराकरण — निवारण

निवृत्ति — सांसारिक जीवन से उदासीनता, वैराग्य

नैष्कर्म्य — निष्कर्मता की स्थिति, कर्म करते हुए भी उनके दुष्प्रभावों से मुक्ति की अवस्था

पणव — एक प्रकार का वाद्य

परम गति — सर्वोच्च लक्ष्य या स्थिति

परम भाव — सर्वोच्च स्वरूप

परम सिद्धि — ईश्वर-साक्षात्कार रूप सर्वोच्च पूर्णता

पावक — अग्नि

पीपल — संसार रूपी पीपल का वृक्ष

पुरुजित् — कुंती का भाई

पुरुष — आत्मा जिसे क्षेत्रज्ञ भी कहा गया है।

पृथापुत्र — कुंती का पुत्र, गीता में अर्जुन के लिए अनेक बार प्रयुक्त संबोधन

प्रकृति — ईश्वर के अधीन रहनेवाली उसकी अचिंत्य-शक्ति, जिससे वह संसार की सृष्टि करता है तथा अजन्मा होते हुए भी जन्म या अवतार लेता है।

प्रवृत्ति — सक्रिय जीवन का भावात्मक आदर्श या सांसारिक जीवन

में सक्रियता

बुद्धियोग — समत्व भाव से युक्त निष्काम बुद्धि से कर्म-संपादन

बृहत्साम — सामवेद के इसी नामवाले मंत्र

बृहस्पति — देवों के पुरोहित व गुरु

ब्रह्ममार्ग — ब्रह्म की प्राप्ति का मार्ग

ब्रह्मानंदमोक्ष — ब्रह्म की प्राप्ति से अनुभूत आनंद, जो मोक्ष से अभिन्न है।

भट — वीर, योद्धा

भीषण-कर्मा — भयानक कर्म करनेवाला

भूतगण — प्राणियों के समूह

भूतभक्त — भूत-प्रेत आदि के आराधक

भूतस्रष्टा — समस्त प्राणियों व पदार्थों को उत्पन्न करनेवाला

भूरिश्रवा — राजा शांतनु के भतीजे सोमदत्त का पुत्र

भेरी — धौंसा या बड़ा ढोल

मनु — विवस्वान का पुत्र, जो वर्तमान मन्वंतर का शासक माना गया है।

महाकाल — संहार-कर्ता के रूप में शिव का एक रूप

महाभूत — पृथ्वी, जल, अग्नि, वायु तथा आकाश रूप पाँच स्थूल भौतिक तत्त्व

महारथी — युद्ध में अकेले ही दस हजार सैनिकों का नेतृत्व करनेवाला महायोद्धा

मात्सर्यमुक्त — ईर्ष्याभाव से रहित

माया — ईश्वर की अचिंत्य-शक्ति, जिससे वह अव्यक्त होते हुए भी व्यक्त रूपों में प्रकट होता है। इसी को गीता में योगमाया तथा प्रकृति भी कहा गया है।

मार्गशीर्ष — अगहन का महीना; जो कभी वर्ष का पहला महीना माना जाता था।

मिथ्याचारी — ढोंगी, दंभी

यक्ष — देवताओं की एक जाति

युधामन्यु — पांचाल देश का एक राजकुमार

युयुधान — अन्य नाम सात्यकि, यादव वंश के राजा शिनि का पुत्र

योगभ्रष्ट — दोषों या विघ्नों के कारण योग-साधना के मार्ग से विचलित व्यक्ति

योगसिद्ध नर — पूर्ण योगी मनुष्य

रुद्र — ग्यारह देवताओं का समूह, जिसमें शंकर प्रधान माने जाते हैं।

लोकक्षय — लोकों का संहार या विनाश

वरुण — जल के देवता तथा पश्चिम दिशा के लोकपाल

वर्णसंकर — अंतरजातीय विवाहों के कारण जातियों का मिश्रण

वादरत — वाद-विवाद या शास्त्रार्थ में रुचि रखनेवाले लोग

वसु — देवों का एक वर्ग, जिसमें अग्नि प्रमुख मानी गई है।

वासुकि — सर्पों का राजा

विकर्ण — धृतराष्ट्र के सौ पुत्रों में से एक

विज्ञान — विशिष्ट ज्ञान

विभूति — ईश्वर के विविध प्रकट रूप या उसका ऐश्वर्य

विराट् — (गीता १.४) मत्स्य देश का राजा, जिसके यहाँ पांडवों ने अज्ञातवास किया था। (गीता ९.१५ तथा ११.४७)- अतिविशाल, सर्वव्यापी

विवस्वान — सूर्य

विश्वमुखी — सभी ओर मुखवाला

विश्वेदेव — दस देवों का एक वर्ग

व्यास — वेदव्यास जो महाभारत व पुराणों के प्रणेता माने जाते हैं।

शम — मन की शांत या निर्विकार अवस्था

शरीर के द्वार — इंद्रियाँ (गीता १४.११)

शाश्वत पद — नित्य धाम, परमात्मा के साथ शाश्वत ऐक्य की प्राप्ति

शैब्य — युधिष्ठिर के श्वसुर

संकर — जातियों का मिश्रण

संज्ञा — नाम

सत् — जिसका अस्तित्व हो

सत्त्व — प्राणशक्ति, सद्गुण, मन या अंतःकरण, तीन गुणों में से एक

सत्त्वशील — प्राणशक्ति या सद्गुणों से संपन्न लोग

संन्यास — ज्ञान-प्राप्ति होने पर कर्मों का त्याग, पर गीता के अनुसार वास्तविक संन्यास कर्मों के विषय में कर्तृत्व की भावना एवं फलाशा का त्याग

सर्वात्मा — समस्त चराचर पदार्थों की आत्मा

सांख्यशास्त्र — (गीता १८.१९) दर्शनशास्त्र की एक प्राचीन शाखा, जिसमें प्रकृति से सृष्टि का आविर्भाव बतलाते हुए विभिन्न तत्त्वों की गणना की गई है।

सात महर्षि — ब्रह्मा के संकल्प से उत्पन्न मरीचि आदि सात महर्षि

साध्य — दिव्य प्राणियों का एक वर्ग

सारल्य — सरलता, निष्कपटता

सिद्ध समुदाय — सिद्धि प्राप्त किए हुए मुनियों का समूह

सुकर — आसानी से करने योग्य

सोमपान — सोम नामक पौधे के मादक रस का पान, विशेष रूप से वैदिक यज्ञों के अवसर पर

स्वधर्म — सामाजिक व्यवस्था के अंतर्गत देश, काल, परिस्थिति आदि के अनुसार व्यक्ति के अवश्य करने योग्य कर्म

स्वस्ति — 'कल्याण हो' आदि आशीर्वचन

स्वायंभुव मुनि — वर्तमान कल्प के चौदह मन्वंतरों में से प्रथम मन्वंतर का शासक

हतबुद्धि — जिनकी बुद्धि या मति मारी गई है।

हेतुरहित — कार्य-कारण-संबंध के विचार से रहित

□□□